Creatividad y aprendizaje

Creatividad y aprendizaje
El juego como herramienta pedagógica

Natalia Bernabeu
Andy Goldstein

NARCEA, S. A. DE EDICIONES
MADRID

*A nuestros padres
que, en la infancia,
nos abrieron la puerta
para ir a jugar.*

*A Hilda Cañeque
que, muchos años más tarde,
nos enseñó
cómo abrir esa puerta.*

2ª edición

© NARCEA, S. A. DE EDICIONES, 2014
Paseo Imperial 53-55, 28005 Madrid. España
www.narceaediciones.es

Cubierta: Aderal

ISBN libro papel: 978-84-277-1628-5
ISBN eBook: 978-84-277-1618-6
Depósito legal: M-21124-2014

Impreso en España. Printed in Spain
Imprime: Grafilia. Carpinteros, 3. 28660 Boadilla del Monte (Madrid)

Todos los derechos reservados.
Queda prohibida, salvo excepción prevista en la ley, cualquier forma de reproducción, distribución, comunicación pública y transformación de esta obra sin contar con autorización de los titulares de propiedad intelectual. La infracción de los derechos mencionados puede ser constitutiva de delito contra la propiedad intelectual (arts. 270 y sgts. Código Penal). El Centro Español de Derechos Reprográficos (www.cedro.org) vela por el respeto de los citados derechos.

Sobre enlaces a páginas web.
Este libro puede incluir enlaces a sitios web gestionados por terceros y ajenos a NARCEA, S.A. DE EDICIONES que se incluyen sólo con finalidad informativa. Las referencias se proporcionan en el estado en el que se encuentran en el momento de la consulta de los autores, sin garantías ni responsabilidad alguna, expresas o implícitas, sobre la información que se proporcione en ellas.

Índice

INTRODUCCIÓN 9

I. LA ESCUELA ANTE LOS CAMBIOS SOCIALES

1. Los nuevos parámetros culturales 13
Información y cambio social. La cultura del espectáculo. Consecuencias metodológicas.

2. La "materia prima" con la que trabajamos los docentes 19
Preadolescencia y adolescencia: potencialidades de un ser humano en crecimiento. Los alumnos de hoy. Consecuencias metodológicas.

3. Los fines de la educación 25
Las habilidades básicas. La formación de lectores activos. La educación en valores. El desarrollo de la creatividad. Consecuencias metodológicas.

4. Un concepto renovado de la mente humana 35
Las inteligencias múltiples. La inteligencia emocional. La inteligencia inconsciente. La inteligencia creadora. Consecuencias metodológicas.

II. JUEGO, CREATIVIDAD Y APRENDIZAJE

5. Jugar y aprender 47
El juego y sus clases. Características del juego. Por qué es importante jugar: las funciones del juego. Juego y trabajo. El juego en el contexto educativo. Actitudes ante el juego. Consecuencias metodológicas.

6. La creatividad 57
Qué es la creatividad. El proceso creativo. La personalidad creativa. La creatividad en el contexto educativo. Los entornos creativos de aprendizaje. Actitudes ante la creatividad. Consecuencias metodológicas.

7. **El aprendizaje como proceso creador** 67
   El aprendizaje significativo. El aprendizaje como proceso creador. Consecuencias metodológicas.

III. El *"MODELO QUADRAQUINTA"* de Creatividad y Aprendizaje

8. **El *"Modelo QuadraQuinta"*** 79
   Una metodología para las áreas de artes y humanidades y para todas las edades. Principios generales que sustentan esta metodología. Los cuatro momentos básicos.
9. **La instalación del contexto imaginario** 85
   Realidad, fantasía e imaginario. La distancia óptima.
10. **El poder de las palabras** 89
    El sustrato mítico: la "literatura vivida". El lenguaje simbólico. Características del símbolo. Los símbolos en acción.
11. **El caldeamiento** 95
    Esa casa que no habitamos. El movimiento es educativo. El caldeamiento y sus funciones. Efectos beneficiosos del caldeamiento.
12. **La relajación** 99
    La relajación y sus tipos. Efectos beneficiosos de la relajación. La relajación como contenido educativo. Actitudes ante la relajación. Técnicas básicas para la relajación física. Técnicas básicas para la relajación mental. El tándem caldeamiento-relajación.
13. **El poder de la música** 107
    En un principio fue el sonido. Las cualidades del sonido. El sentido del oído: la memoria auditiva. Efectos físicos y psicológicos de la música. Usos de la música en el aula. Otros sonidos en el aula.

IV. APLICACION EN EL AULA: PROPUESTAS PRÁCTICAS

14. **La creatividad aplicada en el aula** 121
    Vencer las resistencias. Estrategias para el desarrollo de la percepción y la concentración. Estrategias para el desarrollo de la sensibilidad poética. Estrategias para el desarrollo de la atención mental. El caldeamiento: ejemplos sencillos para ponerlo en práctica. Ejemplos sencillos de diversas formas de relajación.

REFERENCIAS BIBLIOGRÁFICAS 135

© narcea, s. a. de ediciones

Introducción

LA EXPERIENCIA QUE HA DADO origen a este libro comenzó en Buenos Aires en el año 1975, en la *Escuela de Fotografía Creativa* fundada y dirigida por Andy Goldstein. Allí, la carrera de fotógrafo profesional desarrolla un currículo que, basado en las teorías del juego y las actuales investigaciones sobre creatividad y aprendizaje, busca fomentar y entrenar las capacidades creativas de los futuros artistas. En un momento dado, allá por el año 1997, los autores de este trabajo, vimos la posibilidad de adaptar esta metodología al alumnado de la enseñanza secundaria española.

Cuando empezamos a trabajar en el aula aplicando estos métodos, las reacciones de los chicos y chicas fueron variadas: al principio se extrañaban, pero al cabo de unos días empezaban a disfrutar en las clases, a valorarse más, a hacerse más amigos. Muy pronto se creó entre ellos un clima de respeto, amistad y cariño. El crecimiento de su autoestima se tradujo también en un mayor esfuerzo en sus tareas escolares.

Los chicos y chicas parecían madurar y serenarse. Perdían la hiperactividad con la que habían llegado; poco a poco, el aula comenzó a ser un espacio de libertad. Allí se trabajaba, pero con alegría y humor. Se gastaban bromas, pero rara vez existían problemas de disciplina. El alumnado reconocía la autoridad del profesor y aceptaba argumentos morales; asumía, en fin, actitudes personales más auténticas.

Muchas veces se tuvo la impresión de que los jóvenes aprendían lo que se les estaba enseñando y *muchas otras cosas más*. Frecuentemente nos sorprendían con efusivas expresiones de afecto con las que agradecían su sensación de bienestar. Como sucedía con los alumnos de Buenos Aires, también ellos respondían al estímulo de la música, al poder de los relatos, a la fuerza movilizadora del lenguaje poético. Descubrimos que comprendían perfectamente el lenguaje simbólico. Cada vez más, de forma natural, se producía un grado máximo de empatía entre ellos y el profesor.

Todas estas vivencias hicieron crecer nuestro deseo de transmitir a docentes y educadores nuestra experiencia. Con esta intención hemos ordenado y estructurado algunos de los conocimientos y recursos prácticos adquiridos a lo largo de estos años: el resultado es este libro.

En la primera parte, abordamos los retos que los cambios sociales producidos en las últimas décadas están planteando a la institución escolar.

En la segunda parte comentamos los principales conceptos teóricos sobre el juego y la creatividad en relación con el aprendizaje, ya que en ellos se basa nuestra propuesta metodológica.

En la tercera parte explicamos ampliamente nuestra metodología; finalmente, en la cuarta y última parte ofrecemos algunos ejemplos de sus posibles aplicaciones prácticas.

I

LA ESCUELA ANTE LOS CAMBIOS SOCIALES

1

Los nuevos parámetros culturales

"Un buen navegante no se define por la capacidad de escoger los vientos con los que se encuentra.
Hoy los educadores y los comunicadores sociales no podemos prescindir del hecho de que tenemos que desarrollar nuestra tarea en el marco social de una cultura del espectáculo. Son éstos los vientos que hemos de aprender a controlar y a manejar".

JOAN FERRÉS

INFORMACIÓN Y CAMBIO SOCIAL

En la llamada sociedad de la información, surgida a partir del último tercio del siglo XX, el desarrollo de las tecnologías de la información y la comunicación, han producido cambios determinantes tanto en las relaciones laborales, como en la economía, la vida cultural, la institución escolar y la propia vida personal de los ciudadanos.

Estas tecnologías han ido cambiando nuestra forma de pensar y de relacionarnos. Como señala F. Benito Morales: "El vínculo cara a cara ha sido sustituido por el vínculo electrónico, y la comunidad tradicional —basada en la pertenencia a un lugar geográfico y un entorno social determinado— ha sido sustituida por frágiles comunidades simbólicas, partes de una aldea global caracterizada por la irracionalidad, la despersonalización y la falta de verdades absolutas"[1].

---

[1] Benito Morales, F. "La educación documental: Un nuevo contexto pedagógico para el desarrollo de las habilidades lectoras". En *Lectura, Educación y Bibliotecas: ideas para crear buenos lectores*. Anabad: Murcia, 1994.

© narcea, s. a. de ediciones

Jesús Timoteo Álvarez enumera algunas de las consecuencias derivadas del desarrollo de las nuevas tecnologías de la información y la comunicación[2]: el crecimiento del consumo de aparatos tecnológicos en el hogar, organizado en torno del ordenador y la pantalla; el desfase generacional producido por la diferente capacitación en el uso de estas tecnologías y su adaptación a ellas entre jóvenes y niños, por un lado, y adultos, por otro; el definitivo predominio de la imagen en pantalla como soporte de información y comunicación; y el distanciamiento del individuo frente a la sociedad.

Gran parte del desconcierto que expresan muchos docentes desde hace ya algunos años tiene su origen en este desfase generacional que, efectivamente, se ha producido: se les pide que desarrollen la lógica, la capacidad de análisis y la memoria en una generación que, como veremos más adelante, tiene potenciadas, a través de los medios de comunicación audiovisuales, la intuición, la imaginación y la emotividad.

El alumnado recibe del universo mediático en que desarrolla su vida personal una información inmediata, no lineal y fragmentaria; un mensaje global, escueto y aparentemente simple, que habla a las emociones y cuya recepción no exige demasiado esfuerzo; son mensajes que provocan en la mayoría de los casos una respuesta emotiva inmediata, basada en el pensamiento primario. El desconocimiento de esta realidad deja al receptor pasivo ante los impactos emotivos que va recibiendo e indefenso ante su enorme poder de seducción.

Por otra parte, el consumo de tecnología ha ido en constante aumento. Las pantallas se han convertido así en los fundamentales soportes de información y comunicación, lo que viene provocando un cambio en las aptitudes perceptivas de los individuos más jóvenes.

Todo ello produce algunas importantes paradojas: por una parte, se dedica mucho tiempo a que los escolares, a través de un proceso de muchos años, aprendan a leer la palabra impresa; y, sin embargo, se da por supuesta su capacidad de leer imágenes; de interpretar mensajes audiovisuales, o de navegar con rumbo por Internet... Por otra, la escuela, que ha perdido el primer puesto como agente transmisor de conocimientos, no acaba de asumir la idea de que más que aportar informaciones, ha de enseñar a seleccionarlas y a ordenarlas críticamente para que adquieran sentido. Mejor dicho, se enuncia esta idea de forma teórica, pero no se acaba de encontrar el modo de llevarla a la práctica.

Por tanto, parece bastante realista la necesidad de desterrar las actitudes pedagógicas basadas en la mera exposición de contenidos o en la tiranía de los programas académicos y asumir una forma de enseñar y aprender mucho más participativa.

---

[2] Timoteo Álvarez, J. *Historia y modelos de comunicación en el siglo XX*. Ariel Comunicación: Barcelona, 1987.

LA CULTURA DEL ESPECTÁCULO[3]

Psicólogos, sociólogos y educadores están de acuerdo en que en la sociedad actual los medios de comunicación se han convertido, junto con la familia y la escuela, en uno de los principales agentes socializadores para los niños y los jóvenes.

Pero lo que se enseña en la escuela poco o nada tiene que ver con los parámetros culturales difundidos por los medios de comunicación de masas. La televisión, máximo exponente de la cultura popular, favorece actitudes superficiales y poco críticas. A pesar de que la realidad se presenta ante nuestros ojos cada vez más compleja, variada y llena de matices, la mayoría de los relatos televisivos hablan de un mundo uniforme y estereotipado; transmiten los *"valores establecidos"*, niegan la diferencia y fomentan el conformismo.

El mensaje televisivo constituye una mezcla amorfa de fragmentos en los que se destaca el elemento espectacular y cuyo hilo conductor son los espacios publicitarios. Esta fragmentación en la narración —unida a la práctica del *zapping*— crea mensajes desestructurados, sin cierre, y por lo tanto carentes de significación.

El receptor, para poder decodificar imágenes que muy a menudo despiertan en él emociones opuestas (piénsese en las escenas de un atentado terrorista, seguidas de un anuncio que ofrece el último modelo de un coche de lujo o una crema que rejuvenece diez años), sólo puede establecer con la pantalla —por propia higiene mental— una relación de "mirón superficial".

Joan Ferrés[4] ha analizado los mecanismos a través de los cuales la televisión puede condicionar la libertad humana desde la emotividad. Según este autor, para comprender sus efectos socializadores es fundamental conocer y valorar el alcance de los mecanismos inconscientes que rigen el comportamiento del ser humano. Él señala que la experiencia televisiva es socializadora porque genera un enorme caudal de energía emotiva, y habla de *procesos inadvertidos de socialización*, cuyo mayor peligro reside, precisamente, en la falta de conciencia de su inocuidad.

Según Ferrés[5], la guerra por captar y mantener audiencias ha provocado la exageración de ciertos rasgos del discurso televisivo: el dinamismo y el caos

---

[3] En este apartado seguimos al profesor Joan Ferrés y resumimos sus aportaciones, ya que sustentan teóricamente una parte importante de nuestra propuesta metodológica.

[4] El profesor Joan Ferrés ha desarrollado temas de gran interés para el docente en la actual encrucijada cultural. Sus libros aportan datos relevantes y propuestas clarificadoras: en *Televisión y educación* (Paidós, 1994), analiza las características del medio y expone las claves para educar en el consumo de la televisión. En *Televisión subliminal* (Paidós, 1996) amplía este tema: analiza los *procesos inadvertidos de socialización*, explica las dos vías de la comunicación persuasiva: la racional y la emotiva; y analiza los mecanismos de seducción que utiliza la televisión. En *Educar en una sociedad del espectáculo* (Paidós, 2000) se refiere a las características de la cultura popular emergente; analiza la crisis de la escuela en este contexto y aboga por una superación del conflicto educativo basada en un cambio de metodología.

[5] *Educar en una sociedad del espectáculo*. Paidós: Barcelona, 2000.

(cada vez más imágenes, más acción, más contenidos conflictivos, más fragmentación, que dan como resultado un producto final desordenado y caótico); el sensacionalismo (para sorprender al espectador, la televisión recurre a la gratificación sensorial inmediata y a la espectacularidad de las puestas en escena) y la apelación a lo emotivo.

Son dos, según este autor, los procesos socializadores propios del pensamiento primario a través de los cuales socializa la televisión: la creación de modelos y la creación de contextos. La televisión presenta modelos eficaces porque se nos parecen; son atractivos; reciben recompensas (se les premia o castiga narrativamente y a través del tratamiento formal) y emocionan profundamente al espectador. La creación de contextos es también otro recurso eficaz para conferir valor y significación a la realidad de manera aleatoria, poco racional, y a menudo inconsciente. "Gran parte de los mensajes televisivos —dice Ferrés— basan su potencial socializador en la utilización de los mecanismos de seducción. La fuerza de la seducción se basa en el deslumbramiento provocado por la fragmentación selectiva; el adormecimiento de la racionalidad, como consecuencia del dominio de las emociones; y la transferencia globalizadora que se realiza a partir de la activación del pensamiento primario"[6].

El autor llama la atención acerca del placer que proporciona la televisión a través del relato, ya que éste satisface las necesidades de fabulación y fantasía del ser humano y cumple una función catártica o liberadora: pone al espectador en contacto con zonas ignoradas de su inconsciente movilizando sentimientos íntimos y permitiéndole elaborar sus propios conflictos internos. El relato televisivo seduce también por sus contenidos míticos: el espectador contempla la representación simbólica de sus propias necesidades y deseos.

Según Joan Ferrés, el espectador adulto participa emotivamente de las narraciones mediante los mecanismos de identificación —asume el punto de vista del personaje, considerándolo reflejo de su propia situación vital— y de proyección: vuelca una serie de sentimientos propios sobre los personajes. El autor señala la peligrosidad del analfabetismo audiovisual —ya que quien lo sufre no es consciente de su limitación— y enumera cinco grandes rasgos de la cultura del espectáculo: la potenciación de lo sensorial, la potenciación de lo narrativo, la potenciación de lo dinámico, la potenciación de lo emotivo (sobre todo de las emociones primarias) y la potenciación de lo sensacional.

Considera Ferrés que los docentes han de adaptarse a los tiempos que corren y volver a entrar en sintonía con su alumnado, asumiendo un cambio de metodología que incremente la motivación dentro del aula y prolongue los aprendizajes fuera de ella. Sugiere, entre otras propuestas, practicar el *zapping didáctico* (trabajar con unidades más breves; introducir recursos

---

[6] Ibidem.

tecnológicos de forma variada, ágil e imaginativa; incorporar la variación constante en las técnicas de trabajo y cambiar de ritmo, de entonación y de intensidad en la expresión verbal); utilizar la palabra de forma creativa a partir del uso de la metáfora, e introducir en el aula los medios audiovisuales: los recursos gráficos, la narración dramatizada, el informativo audiovisual, el programa motivador, el programa multimedia, las imágenes de apoyo, etc.

CONSECUENCIAS METODOLÓGICAS

Parece evidente que los cambios producidos en la sociedad han empezado ya a modificar la propia realidad educativa. En lo que atañe a lo comentado en este capítulo, podríamos destacar las siguientes consecuencias metodológicas:

- ✔ El contexto social está demandando una actualización de los métodos de enseñanza que incluya el uso de las nuevas tecnologías en las aulas y la imagen, en todas sus posibles presentaciones, como código de comunicación.
- ✔ La modificación de los hábitos perceptivos y las actividades de ocio de los escolares exigen también un cambio de metodología que apunta, teniendo en cuenta las aportaciones del profesor Joan Ferrés, a una sustitución de los métodos tradicionales de enseñanza por otros más motivadores, variados y activos.

2

La "materia prima" con la que trabajamos los docentes

> *"Quien trazó laberintos pide una rosa blanca.*
> *El dueño de la rosa sueña con laberintos".*
>
> Felipe Benítez Reyes

FRECUENTEMENTE, EL PROFESORADO con algunos años de docencia experimenta un sentimiento de profunda extrañeza cuando compara a los alumnos que llegaban a las aulas no hace mucho con los que acceden a ella en la actualidad, cada nuevo curso escolar.

En muchos Centros de Enseñanza Secundaria, los pasillos, entre clase y clase, son intransitables. Los alumnos salen de sus aulas y permanecen allí, hablando, jugando, corriendo, empujándose… Los docentes, que recorren esa corta pero al mismo tiempo larguísima distancia, se enfrentan a una tarea difícil: han de mantener un porte digno en medio de carreras y empujones; regañar un poco, o hacer como que regañan, pues apenas se les oye, en medio de esa algarabía. Con los libros en la mano, siguen su camino, como pueden, hasta que entran en la clase y los chicos y chicas se sientan al cabo del rato, armando un ruido ensordecedor, pues encuentran tremendamente placentero arrastrar las sillas y los pupitres. Frecuentemente, el profesor llega con cara de pocos amigos (ellos no saben de su desconcierto), se enfada, manda colocar las mesas de una en una para evitar que hablen, para intentar que haya en la clase algo de disciplina… Pero ¿de dónde han salido estos alumnos?, se pregunta el sufrido profesor, ¿para esto he dedicado al estudio largos años de mi vida?

Estos chicos y chicas, chillones y desorientados, son los nuevos habitantes de las aulas, la "materia prima" con la que trabajamos día a día los docentes,

© narcea, s. a. de ediciones

seres humanos en vías de formación. Nuestra labor, como la de los profesionales de la salud, los trabajadores sociales, los psicólogos o terapeutas, implica asumir una gran responsabilidad a la cual es preciso enfrentarse con humildad y respeto.

PREADOLESCENCIA Y ADOLESCENCIA: POTENCIALIDADES DE UN SER HUMANO EN CRECIMIENTO

En líneas generales, la preadolescencia y la adolescencia son etapas vitales en las que se producen en el ser humano importantes transformaciones fisiológicas que repercuten intensamente en sus características psicológicas.

Los preadolescentes (chicos y chicas de 12 a 14 años) y adolescentes (alumnado de 14 a 16 años) experimentan en esta época de su desarrollo un cambio de actitud respecto a sí mismos que se manifiesta en una cierta extrañeza ante su propio cuerpo, en un sentimiento de incertidumbre respecto a la vida, y en una sensación de inquietud y soledad. Los chicos y chicas de estas edades son propensos a la ansiedad, a la ira y a la impaciencia. Es el momento en que se descubren a sí mismos y adoptan una actitud crítica frente al mundo de los padres y de los profesores, mostrándose en contra de las normas impuestas y de la disciplina familiar y escolar. Paralelamente al deseo de aislamiento, crece en ellos la necesidad de expresar sus propias ideas y sentimientos, de ser comprendidos y escuchados, y de recibir información. Es frecuente que su ánimo oscile entre la confianza exagerada y el sentimiento de inferioridad. La necesidad de aceptación les lleva a reunirse con los compañeros de la misma edad con los que crean profundos lazos de amistad. Las pandillas, que adquieren gran importancia en la preadolescencia, dan paso, ya en la adolescencia, a grupos de tres o cuatro amigos muy unidos entre sí.

En la preadolescencia comienza la transformación del pensamiento intuitivo en pensamiento abstracto: cuando llegan a la adolescencia, los chicos y chicas suelen ser ya capaces de comprender el significado de los conceptos abstractos y de los símbolos; pueden definir conceptos, formular problemas y pensar las posibles soluciones. Asimismo, aumentan notablemente las aptitudes artísticas y la capacidad de comprensión verbal. Sus intereses recreativos se centran en torno a los amigos, los deportes, las excursiones, el cine, la televisión, Internet, la música, el coleccionismo, la lectura —especialmente de novelas policíacas y de misterio, libros históricos, biografías y diarios—, los juegos de rol, los videojuegos y los juegos en red.

LOS ALUMNOS DE HOY

Los alumnos que actualmente acceden a las aulas de Secundaria han nacido ya en la sociedad de la información y el espectáculo, y su proceso de aprendizaje ha estado ligado a la recepción de mensajes desordenados y fragmentados, a la fascinación de las imágenes, a la emoción y a la creatividad, al conocimiento intuitivo, a las percepciones múltiples. Esta circunstancia va a modelar su forma de ser, pensar y sentir de manera diferente a la de los adolescentes de generaciones anteriores. Los rasgos que definen su modo de ser y estar en el aula son los siguientes:

- *Decodificación múltiple.* Debido a su práctica para decodificar mensajes audiovisuales, son capaces de percibir y entender de forma simultánea contenidos muy variados, tanto verbales como sonoros o audiovisuales. Pueden, por ejemplo, escuchar y traducir la letra de una canción en inglés, oír la voz en *off* y, al mismo tiempo, decodificar palabras escritas que aparecen superpuestas en la pantalla; atender a los distintos sonidos que conforman la banda sonora: el valor simbólico de los ruidos, lo que evocan las distintas clases de músicas, el efecto cinético de los ritmos, el valor expresivo del silencio; y captar todo tipo de imágenes en movimiento, imágenes superpuestas, reales y virtuales, etc.

Esta decodificación no se lleva a cabo por vía racional, sino emotiva. En muchas ocasiones, aunque efectivamente la percepción múltiple se produce, no son capaces de verbalizarla.

- *Impaciencia.* Acostumbrados a la espectacularidad y al ritmo trepidante de los contenidos televisivos, no tienen paciencia para aceptar el tiempo real y la ausencia de espectacularidad de la vida cotidiana: no toleran el aburrimiento. Ante la recepción continua de mensajes que gratifican los distintos sentidos y movilizan las emociones, los contenidos didácticos, necesariamente, les parecen fríos y aburridos. Por eso, muestran una muy escasa motivación e interés hacia el estudio.

- *Ruido.* La hiperestimulación del sentido del oído, los altos índices de sonido y vibración con los que conviven diariamente hacen de ellos una generación que huye del silencio. En el aula existe constantemente un "colchón sonoro" sobre el que se deben superponer las comunicaciones verbales.

- *Ansiedad y frustración.* Lo han visto casi todo pero no han vivido apenas nada. Están, al mismo tiempo, deseosos y temerosos de tener experiencias vitales. Son hiperactivos, están llenos de ansiedad; les domina la impaciencia: viven con una sensación continua de prisa. Esto les impide verse a sí mismos: les cuesta reconocer y expresar sus sentimientos y deseos. Les mueven emociones primarias que con frecuencia no saben reconocer ni controlar. Tienen poca resistencia a la frustración, pues están acostumbrados a la gratificación inmediata, y no pueden retardarla.

- *Dificultad de abstracción.* Muestran dificultad para la abstracción, el análisis y la reflexión. Han desarrollado el pensamiento intuitivo, irracional, global y sintético. Piensan con imágenes, no con palabras. Poseen mucha información, pero no saben estructurarla. No cuentan con puntos de referencia que les permitan adoptar una actitud crítica ante la realidad.

- *Atención flotante.* En clase muestran una atención flotante, como la que desarrollan cuando ven la televisión. Su actitud mental se caracteriza por la dispersión, no son capaces de concentrarse en las reflexiones del profesor o en las tareas específicas cuando éstas son demasiado largas. Presentan dificultades en las habilidades relacionadas con la lecto-escritura: cada vez más llegan a la Enseñanza Secundaria alumnos incapaces de realizar la lectura comprensiva de un texto o de escribir con corrección.

- *Receptividad ante el mito.* Influidos por los contenidos míticos presentes en los relatos audiovisuales, la publicidad, los videojuegos, los juegos de rol, etc., se muestran receptivos a las formas actuales del mito y el rito. Son sensibles al lenguaje simbólico, entienden (aunque no por vía racional) la metáfora.

- *Valores y contravalores.* Han interiorizado muchos de los valores y contravalores propuestos por los medios: cierto conformismo, una visión estereotipada de la realidad, actitudes consumistas, competitivas; de culto a la imagen o a la apariencia, etc. En ocasiones muestran rasgos de intolerancia (racismo, machismo, comportamientos violentos). Pero también se adhieren a causas justas: son solidarios, creen en la paz, valoran la amistad, les preocupa el planeta Tierra.

CONSECUENCIAS METODOLÓGICAS

Hemos visto en las páginas anteriores cómo el profesional de la enseñanza desarrolla su trabajo en una sociedad dinámica y conflictiva, en la que los procesos informativos únicos han sido sustituidos por flujos continuos de información que circulan de forma descontextualizada y desestructurada. La cultura dominante favorece la falta de reflexión y el descontrol de las emociones primarias.

El momento de crisis que vive la educación en las sociedades occidentales se relaciona, entre otras causas, con la excesiva rigidez de la escuela frente a un mundo cambiante; con su pérdida de importancia como única fuente de información y conocimiento con la acción socializadora de los medios de comunicación de masas en un contexto digital, con el deterioro de la figura del docente y con la confusión de valores con que llegan los alumnos a las aulas.[1] La tarea de enseñar consistirá, necesariamente, en dotar al alumnado de las habilidades precisas para adaptarse a nuevas y distintas situaciones y en ayu-

---

[1] Tedesco, J. *El nuevo pacto educativo.* Anaya-Alauda: Madrid, 1997.

darle a descubrir unas cuantas certezas que le permitan interpretar el complejo mundo circundante.

Por todo ello, la comunidad educativa se está planteando un gran esfuerzo de adaptación que de la manera más rápida posible le permita ajustar su marcha a los cambios que impone la sociedad de la información. Parece evidente que hay que dar respuesta a problemas tan importantes como la desorientación de los alumnos, los altos índices de fracaso escolar o la ansiedad del profesorado.

Pero cualquier cambio relevante que se pretenda poner en marcha descansa sobre los hombros de maestros y profesores. Es a ellos a los que se les demandará un importante esfuerzo de autoformación, sobre todo en el uso pedagógico de las nuevas tecnologías; una toma de conciencia de los elementos que actúan en la cultura del espectáculo: parece necesario descubrir las posibilidades educativas de los nuevos códigos y lenguajes con el fin de adaptar nuestro discurso a las necesidades y los intereses de los alumnos receptores; una reflexión profunda sobre qué estrategias deben conocer los alumnos y alumnas para moverse en el océano de información de la nueva sociedad del conocimiento y un cambio de postura personal que lleve a la ruptura de los viejos estereotipos que aún subsisten en la escuela.

Este cambio se refiere tanto a las relaciones personales que se establecen en el aula, que han de ser más flexibles, libres y respetuosas, como a la elección de los materiales didácticos, los cuales no pueden limitarse ya al libro de texto ni a la palabra impresa; tanto a los contenidos de aprendizaje que cada vez más se referirán a las capacidades que permiten al individuo aprender por sí mismo, como a la forma de transmitir esos contenidos, es decir, a la metodología.

3
Los fines de la educación

"Educar significa sacar o evocar aquello que está latente; por lo tanto, educación significa sacar fuera las capacidades de la persona para entender y vivir, no llenar a una persona pasiva de conocimientos preconcebidos".

STEPHEN NAJMANOVICH

LAS HABILIDADES BÁSICAS

Nuestro contexto social y cultural hace necesario replantearse para qué debe servir la escuela, en qué aspecto debe transformar los procesos, los materiales y las herramientas educativas, qué nuevos metodos de enseñanza y qué nuevos medios tecnológicos ha de incorporar para dar respuesta a las necesidades de los individuos y de la sociedad.

Todas las leyes que regulan los sistemas educativos de los países de nuestro entorno geográfico y cultural coinciden en afirmar que el objetivo fundamental de la educación es el de proporcionar a los niños y jóvenes una formación plena, que integre a la vez el conocimiento y la valoración ética y moral de la realidad y que les enseñe a ser libres, tolerantes y solidarios.

Debe destacarse el hecho de que, en la sociedad actual, la educación no es ya la única ni la principal fuente de información y de conocimientos con la que cuenta el alumnado. Por eso, como ya se ha comentado, el papel de la escuela, cada vez más, no es tanto aportar informaciones como desarrollar en los alumnos la capacidad para ordenarlas críticamente y darles un sentido.

En uno de sus ensayos, Neil Postman[1] defiende la necesidad de identificar y delimitar el *fin de la educación* —es decir, alguna razón que dé sentido a la existencia de la escuela— para evitar el *fin de la educación*, o sea, su final tal como hoy en día la entendemos. Para este autor, el proceso de enseñar y aprender "es algo muy simple cuando tanto el alumno como el maestro comparten una buena razón para hacerlo. Pero el verdadero problema consiste en que el profesorado carece del tiempo, del aliciente o del ingenio necesarios para propiciarlo; y que el alumno está demasiado desmoralizado, aburrido o distraído, como para dedicar la suficiente atención que se requiere de él".

Pero además de plantearse para qué sirve la escuela, es decir, los objetivos y los fines de la educación, hay que identificar claramente cuáles son las estrategias que favorecen la consecución de los mismos. Así pues, es preciso preguntarse: ¿qué habilidades básicas necesitan los alumnos para conformar su propia identidad, construir una concepción realista de su persona y del mundo que les rodea, desarrollar una actitud ética, ser solidarios y ampliar sus márgenes de libertad? ¿Qué estrategias les permitirán adaptarse a los continuos cambios que su vida y su futuro laboral les depararán?

Postman, en la obra citada anteriormente, enumera algunos dioses que ya no sirven para dar sentido a la educación: el dios de la utilidad económica, el dios del consumismo, el dios de la tecnología... y propone cinco narrativas que, desde su punto de vista, ofrecen "orientación moral, sentido de continuidad, explicaciones sobre el pasado, claridad sobre el presente y esperanza para el futuro".

- La primera de estas narrativas sería *la nave espacial Tierra,* o la idea de que la tierra es una nave y nosotros su tripulación. Este relato convierte el concepto de racismo en irrelevante y ridículo y pone de manifiesto la necesidad de solidaridad.
- La segunda, *el ángel caído,* se refiere al reconocimiento de que los seres humanos cometemos equivocaciones, pero que podemos enmendarlas si procedemos sin orgullo ni dogmatismo.
- La tercera sería lo que el autor denomina *el experimento estadounidense* o el sentimiento patriótico, que permite sentirse orgulloso de la propia nación en solidaridad con otras naciones.
- La cuarta, *la ley de la diversidad,* implicaría llevar a cabo en la escuela una alfabetización cultural para crear una cultura común que entienda, respete y valore todas las expresiones de la actividad humana.
- La quinta y última, *los seres humanos como tejedores de palabras y hacedores del mundo,* se refiere al análisis de las relaciones entre el lenguaje y la rea-

---

[1] Postman, N. *El fin de la educación. Una nueva definición del valor de la escuela.* Eumo-Octaedro: Barcelona, 1999.

© narcea, s. a. de ediciones

lidad, al poder del lenguaje para crear, organizar y comprender el mundo, al análisis de otros medios de comunicación como la imprenta, el telégrafo, la fotografía, la radio, el cine, la televisión, o el ordenador, entre otros.

Como vemos, Neil Postman está hablando de los objetivos y los fines de la educación y de cómo son estos los que deben determinar los contenidos de enseñanza, los cuales, según este autor, han de estar impregnados de un profundo sentido ético y trascendente.

Kimberly Seltzer y Tom Bentley[2] llaman la atención acerca del hecho de que, cada vez más, las empresas valoran en sus posibles trabajadores la facilidad de comunicación, la capacidad de trabajo en equipo, las habilidades para la resolución de problemas, la actitud positiva hacia el aprendizaje y la habilidad para gestionar la propia formación. Lo que se les pide tiene que ver no tanto con lo que saben, sino con sus formas de pensar y actuar.

Según estos autores, todas las habilidades que van a necesitar el ciudadano y el trabajador del futuro se relacionan con la creatividad: la capacidad de aplicar y generar conocimientos en una amplia variedad de contextos con el fin de cumplir un objetivo específico de un modo nuevo. Estas habilidades serían:

- *La gestión de la información*: supone ser capaces de seleccionar y organizar la información relevante, distinguiéndola del ruido de fondo, y descubrir nuevas fuentes de información relacionando los nuevos datos con los ya disponibles.
- *La capacidad de autoorganización en el trabajo*: es decir, la capacidad de definir y estructurar los propios objetivos, gestionar el tiempo, establecer prioridades, evitar el exceso de trabajo, etc.
- *La autoorganización mental* o el desarrollo de estrategias válidas de pensamiento, la posibilidad de abordar los problemas desde diferentes puntos de vista.
- *La interdisciplinariedad* o capacidad de solapamiento de distintos conocimientos que corresponden a campos diferentes del saber.
- *La facilidad de interacción y comunicación* con los otros para conseguir objetivos comunes.
- *La capacidad de reflexión y evaluación*.
- *La gestión del riesgo*: supone la capacidad de tomar decisiones; la capacidad de controlar la ansiedad y redirigir las propias energías de forma saludable, y la capacidad de aprender de los errores.

---

[2] Seltzer, K. y Bentley, T. *La era de la creatividad. Conocimientos y habilidades para una nueva sociedad*. Aula XXI/Santillana: Madrid, 1999.

Howard Gardner, autor de la teoría de las inteligencias múltiples, considera que la educación en un mundo globalizado debe plantearse cinco grandes objetivos que él denomina *las cinco mentes del futuro*[3]:

1. *La mente disciplinada*, que incluye la capacidad de dominar las principales formas de pensar que ha creado el ser humano (la ciencia, las matemáticas y la tecnología; el pensamiento histórico, artístico y filosófico); y la capacidad de ampliar la propia formación durante toda la vida, de una forma regular y sistemática.
2. *La mente sintética*, la cual alude a la habilidad para resumir con precisión el enorme caudal de información que genera la sociedad. Este objetivo supone un pensamiento de carácter interdisciplinario.
3. *La mente creativa*, que pueda ir más allá de la síntesis disciplinaria e interdisciplinaria para formular nuevas preguntas, descubrir nuevos fenómenos, detectar nuevos problemas y contribuir a su resolución.
4. *La mente respetuosa*, que incluye una actitud de respeto y tolerancia hacia todo lo diferente.
5. *La mente ética*, que ayude a las nuevas generaciones a ser personas honradas, constructivas, generosas con su comunidad, íntegras y responsables.

Por su parte, Randy Sparkman[4], tecnólogo norteamericano, enumera las habilidades que, según él, permitirán a las personas progresar en la era digital: la habilidad de leer textos y comprenderlos; la capacidad de discernir y elegir lo que tiene valor entre la multitud de estímulos que ofrece la realidad; la capacidad de pensar independientemente, de resolver problemas y generar ideas; la capacidad de expresar esas ideas de forma clara y simple; la conciencia del contexto en que se desarrolla la vida personal; la identificación de las causas que generan el cambio y la percepción de que no todas las cosas de nuestra vida están sometidas a transformaciones de igual velocidad; la percepción del equilibrio en medio de la multidimensionalidad de la realidad; el reconocimiento de un orden que dé sentido a la experiencia de vivir.

Carles Monereo y Juan Ignacio del Pozo[5], psicólogos españoles especializados en educación, se han planteado estas mismas cuestiones, y han propuesto un decálogo de estrategias que los alumnos deberían dominar para sobrevivir en la sociedad del conocimiento.

---

[3] Howard, G. *Las cinco mentes del futuro. Un ensayo educativo*. Paidós: Barcelona, 2005.

[4] Sparkman, R. "At school", en *Arts and Letters Daily*, noviembre de 1997. Citado por Guillermo Jaim Etcheverry en *La tragedia educativa*. Fondo de Cultura Económica: Buenos Aires, 1999.

[5] Monereo, C. y Pozo Municio, J. I. (Coord.). "Decálogo para el futuro" Tema del mes. *Cuadernos de Pedagogía* nº 298. Enero, 2001.

Enumeramos a continuación este decálogo:

1. La búsqueda crítica y selectiva de información.
2. La capacidad de lectura comprensiva y crítica.
3. El desarrollo de una expresión escrita argumentada.
4. La capacidad de automatizar lo rutinario para dedicar los esfuerzos intelectuales a lo verdaderamente relevante.
5. La capacidad de analizar los problemas y sus posibles soluciones, y de expresar la propia opinión mediante argumentos válidos.
6. La capacidad de escucha activa para entender el punto de vista del otro, para poder oír sus argumentos a pesar del ruido externo e interno, con una actitud de respeto.
7. El desarrollo de una expresión oral correcta que permita exponer a los otros la propia opinión.
8. El desarrollo de la empatía.
9. La capacidad de trabajo colaborativo.
10. La capacidad de fijarse metas razonables que permitan la autosuperación.

Como conclusión, estos autores declaran que estas diez competencias pueden resumirse en dos: el desarrollo del metaconocimiento —conocer lo que uno sabe y lo que no, lo que uno puede o no puede hacer, lo que uno desea y lo que no— y el desarrollo de la autoestima o amor por uno mismo.

HABILIDADES BÁSICAS		
Respecto a uno mismo	Respecto a los otros	Respecto a la realidad
– Autoconocimiento – Autoorganización – Autoevaluación – Autoestima	– Interacción y comunicación – Aprendizaje cooperativo – Respeto y confianza – Escucha activa – Empatía	– Distinguir la información relevante de la que no lo es. – Conciencia de las causas del cambio/reconocimiento de un orden. – Conciencia del contexto en que se desarrolla la vida personal. – Percepción del equilibrio que subyace en la multidimensionalidad.
ORIENTACIÓN ÉTICA		

LA FORMACIÓN DE LECTORES ACTIVOS

Podemos dar distintas definiciones de qué es leer:

- *Leer es escuchar otras voces.* En la escuela, a través de la práctica de la lectura en voz alta, el alumnado descubre el valor colectivo de la palabra. La lectura, entonces, se convierte en un pacto —unos hablan y otros escuchan— y en una ceremonia: se reproduce el momento primordial en el que en que los seres humanos fueron capaces de nombrar el mundo.

- *Leer es también un diálogo.* A través de la lectura el ser humano conversa con el autor del texto, aunque pertenezca a épocas muy distantes a la suya, y conversa también consigo mismo, pues el texto es un espejo en el que todo lector se mira. La lectura literaria, amplia y variada, construye los cimientos de la propia personalidad

- *Leer es asomarse al mundo.* Dice Jose Antonio Marina que el lenguaje no sólo transmite el modo de interpretar el mundo de una cultura, sino, sobre todo, la experiencia ancestral que el hombre ha adquirido sobre sí mismo. A través de la lectura el ser humano amplía su propia experiencia vital: el lector no sólo se asoma a su universo interior sino también al mundo que lo rodea, pues el lenguaje es la principal herramienta para construir la propia concepción de la realidad.

- *Leer es razonar.* La lectura se describe actualmente como un proceso mental mucho más complejo que el de simplemente descifrar un texto. El acto lector es, ante todo, una actividad creadora a través de la cual el individuo desarrolla todas sus facultades mentales. El lector asume ante el texto un papel activo que implica reconocer las palabras, pero también entender, interpretar y analizar críticamente su significado. El lector descifra los signos, resuelve las ambigüedades y elige entre las diversas interpretaciones del texto. No sólo descubre el significado literal, sino que, al mismo tiempo, se cuestiona lo que lee, deduce y establece determinadas relaciones implícitas hasta atribuir al texto un sentido pleno que dependerá del contexto comunicativo y de su propia experiencia vital.

Todo lector activo interacciona con distintos tipos de textos (verbales, icónicos, sonoros, audiovisuales…), en diferentes soportes (papel, cintas de audio o vídeo, cederrón, formato electrónico…), atendiendo a sus necesidades diversas como estudiar, informarse, formarse un criterio, divertirse…; y construye significados: interpreta los textos, extrapola conocimientos, prevé consecuencias, evalúa argumentos, enjuicia hechos y reconoce la calidad del texto así como los estímulos que provoca su lectura.

Esta nueva concepción del acto lector abarca, por tanto, entre otras estrategias, las de la lectura documental y las técnicas documentales (trabajo de síntesis, toma de notas, estructuración de la información recopilada, etc.). Cada vez es más necesario incluir como contenido de aprendizaje técnicas de tratamiento de la información tales como el empleo de diccionarios, la creación y utilización de ficheros, la elaboración de índices, el manejo de bases de datos, el uso de las tecnologías de la información, etc.

Estas habilidades se consideran fundamentales para compensar las desigualdades sociales y fomentar la igualdad de oportunidades. Hay que tener en cuenta que, para un número considerable de personas, el colegio y el instituto son las únicas instituciones donde pueden aprender y poner en práctica los hábitos documentales y las estrategias de análisis y tratamiento de la información que van a necesitar para adaptarse a los cambios vitales, laborales y sociales.

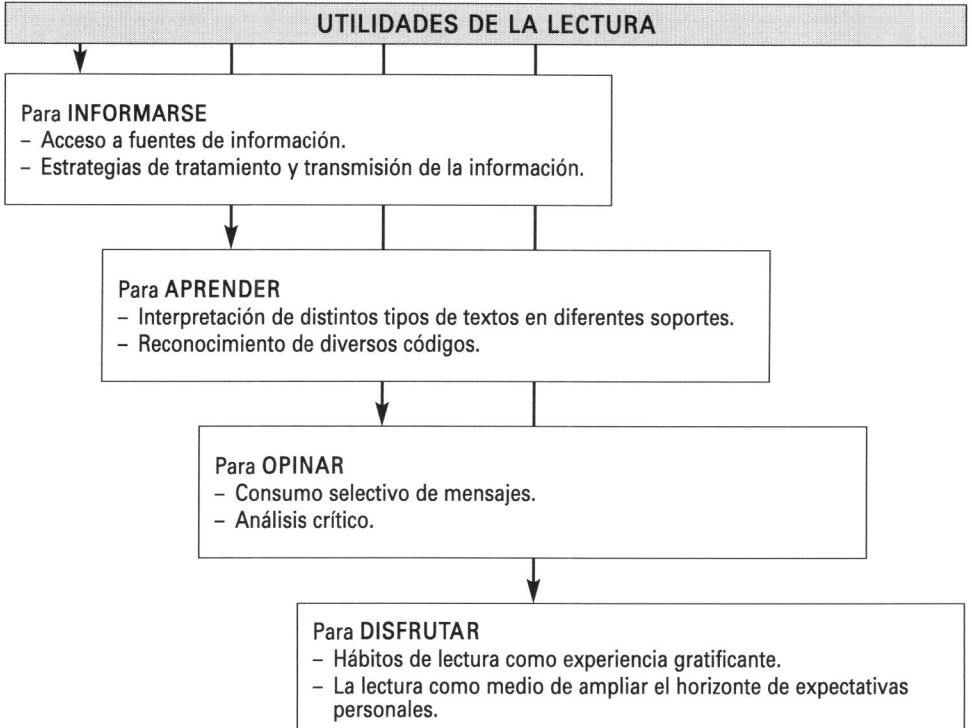

Como hemos visto, desarrollar en los alumnos las habilidades básicas de lecto-escritura es una de las necesidades prioritarias que el sistema educativo se plantea como criterio de calidad frente a los retos de la sociedad de la información y del conocimiento. El acto lector, por tanto, pasa a convertirse en uno de los ejes centrales de la educación.

LA EDUCACIÓN EN VALORES

Toda educación integral contempla la transmisión de unos valores básicos que ayuden a las personas a construir la propia vida; por ello incorpora contenidos educativos relacionados con el mundo experiencial y el desarrollo de la propia identidad.

La inclusión en los currículos de la educación en valores es un intento de dar a la educación un enfoque ético, moral y cívico. Pues ésta "debería fundamentalmente ser una tarea humanizadora, que permita conjugar el aprender a aprender con el aprender a vivir, como síntesis del desarrollo moral e intelectual"[6].

La educación en valores atiende tanto al desarrollo intelectual del alumnado como a su formación moral y ética. Da entrada en las aulas a las distintas situaciones sociales conflictivas ante las cuales los estudiantes han de adquirir actitudes éticas: el deterioro del medio ambiente, la violencia, los problemas del subdesarrollo, el consumismo, los efectos de los medios de comunicación y las nuevas tecnologías, la desigualdad, el choque intercultural, los hábitos y modas que atentan contra la salud...

Se trata de que los alumnos y las alumnas se formen un juicio ético acorde con los valores básicos de la sociedad en la que viven; de que asuman los valores de solidaridad, tolerancia, respeto a la diversidad, y capacidad de diálogo y participación social; de que reflexionen sobre las distintas formas de violencia; de que rechacen cualquier desigualdad derivada de la pertenencia a un determinado sexo, etnia o grupo social; de que respeten su entorno físico y natural, a partir de la comprensión de que las actividades humanas repercuten sobre la naturaleza y de que la verdadera fuente de los graves problemas medioambientales es la *sociosfera* o sistema de valores que rigen el mundo.

Se trata, igualmente, de que los escolares sean consumidores responsables, contrarios al consumismo y a la degradación del medio ambiente que éste conlleva; de que desarrollen la capacidad de discernir entre la información útil que ofrecen los medios de comunicación y la que implica manipulación, masificación, desinformación o aislamiento social; y de que sean capaces de vivir en equilibrio con su entorno físico, biológico y sociocultural.

Para conseguir los objetivos de la educación en valores se utilizan estrategias comunes: la mirada crítica a la sociedad; el intercambio de experiencias y opiniones como medio para clarificar los propios valores y la adopción de actitudes personales que ayuden a construir formas de vida más justas.

Por otra parte, ésta perspectiva ética modifica la práctica docente, pues se hace necesario un proceso de innovación que provoca cambios en la estructura organizativa de los centros; exige un tratamiento integrador de los conteni-

---

[6] González Lucini, F. *Educación en valores y diseño curricular.* Pearson Alambra: Madrid, 1991.

dos y necesita una nueva metodología que favorezca la interacción, la valoración del entorno como fuente de aprendizaje, la motivación, la adopción de actitudes y valores nuevos, etc.

EL DESARROLLO DE LA CREATIVIDAD

Como hemos visto, una de las características fundamentales de la sociedad de la información es que, por primera vez en la historia, el conocimiento constituye la primera fuente de riqueza económica. Este desplazamiento del trabajo manual al intelectual favorece que se valoren ciertas habilidades nuevas relacionadas con el concepto de creatividad.

La mente creativa es capaz de explorar la realidad manteniéndose abierta a todas las posibilidades, puede generar ideas nuevas combinando las ya existentes y elegir en cada momento la mezcla que más se ajuste a su propósito. La mente creativa es optimista, curiosa, flexible e imaginativa; acepta retos y se aleja de prejuicios; tolera la ambigüedad y sabe que todas las cosas están conectadas, que podemos aprender de todas las cosas.

La escuela no sólo ha de atender al desarrollo de la lógica y la racionalidad sino también al de las emociones y los sentimientos, prestando atención a la intuición y a la creatividad del alumnado. Para ello habrá que identificar las estrategias que ayudan a desarrollar las actitudes creativas de los individuos y prever un tiempo y un espacio en los cuales desarrollarlas.

Kimberly Seltzer y Tom Bentley[7] consideran que para educar a los estudiantes como personas independientes y creativas, capaces de continuar formándose a lo largo de toda su vida, es necesario, entre otros cambios, tres fundamentales: reducir a la mitad los contenidos de los programas obligatorios, con el fin de crear espacio para un espectro más amplio de experiencias formativas; diseñar un modelo curricular basado en proyectos y aplicado a una amplia variedad de contextos, y asegurar el acceso a las tecnologías de la información.

En los capítulos posteriores abordaremos más ampliamente las aportaciones de la creatividad a la educación integral del alumnado.

CONSECUENCIAS METODOLÓGICAS

A la vista de las reflexiones anteriores, podemos establecer algunos aspectos relevantes para una educación de calidad:

✔ La necesidad de que los contenidos educativos se ofrezcan interconectados, favoreciendo la interdisciplinariedad, y de que estos estén impregnados de valores, es decir, posean una orientación ética.

---

[7] Seltzer, K. y Bentley, T. Ob. cit.

- ✔ El valor de la palabra y del lenguaje como configuradores de la persona y, por lo tanto, la necesidad prioritaria de que el alumnado adquiera habilidades de lectura comprensiva y crítica y habilidades de escritura para expresar opiniones y sentimientos.

- ✔ La necesidad de que los alumnos y las alumnas adquieran en la escuela aquellas herramientas que les permitan interpretar, comprender, valorar y enjuiciar la realidad, con el fin de ordenar el aparente caos y entender la complejidad del mundo, en el contexto de su vida personal. Entre estas herramientas ocupan un lugar prioritario las habilidades de búsqueda, selección y tratamiento de la información y las capacidades creativas del individuo, tales como la de resolver problemas, la de generar ideas nuevas o la de aprender de los errores.

- ✔ El valor educativo de la interacción con los otros y de la valoración de uno mismo: se consideran la empatía y la autoestima como cualidades que hay que fomentar en las aulas, ofreciendo al alumnado variados contextos de aprendizaje donde estas cualidades puedan ejercitarse.

Hay que señalar que en los currículos escolares vigentes suelen estar presentes tres grandes áreas de conocimiento que, de forma explícita o implícita, apuntan hacia algunas de estas habilidades que venimos señalando: se habla de la necesidad de formación de los jóvenes como lectores activos y críticos, partiendo de un concepto amplio de lectura; se contempla la educación en valores y se incluyen contenidos que tienen que ver con el tratamiento de la información.

En cambio, otros asuntos relevantes como la interdisciplinariedad, el desarrollo de la empatía y la autoestima o la atención a las capacidades creativas de los individuos apuntan claramente a la necesidad de un cambio en la práctica docente, a la necesidad de adoptar una metodología que tenga en cuenta todos estos factores.

4

Un concepto renovado de la mente humana

> *"Nuestras ideas conscientes
> son tan sólo hojas muertas,
> posadas en la superficie
> de un estanque profundo".*
>
> HENRI BERGSON

UN AMPLIO NÚMERO DE INVESTIGACIONES en el campo de la neuropsicología está modificando recientemente nuestro concepto de la mente humana. Los trabajos de Howard Gardner sobre las inteligencias múltiples, o de Goleman sobre la inteligencia emocional, parecen demostrar la existencia en el ser humano de múltiples inteligencias, y contrarrestan el excesivo protagonismo otorgado en nuestra cultura occidental al pensamiento lógico y racional.

LAS INTELIGENCIAS MÚLTIPLES

Howard Gardner observó, junto con Feldman, que ciertos pacientes con lesión en el hemisferio izquierdo que habían perdido la facultad del habla podían, sin embargo, cantar las letras de las canciones, porque el hemisferio derecho musical estaba intacto.

Éstas y otras experiencias convencieron a Gardner de que la inteligencia no es una facultad unidimensional, sino que consiste en un conjunto de habilidades mentales que provienen de diferentes regiones del cerebro y se manifiestan de forma independiente.

Según él, la mente se compone de siete categorías amplias de inteligencia:

- *Inteligencia lingüística*: es la capacidad para usar las palabras de manera efectiva, ya sea en forma oral o escrita.
- *Inteligencia lógico-matemática*: consiste en la capacidad de usar los números de manera efectiva y razonar adecuadamente. Los procesos mentales que la caracterizan son la categorización, la clasificación, la inferencia, la generalización, el cálculo y la demostración de hipótesis.
- *Inteligencia espacial*: es la habilidad para percibir de forma exacta el mundo visual-espacial.
- *Inteligencia corporal-kinética*: supone la capacidad de usar todo el cuerpo para expresar ideas y sentimientos y la facilidad en el uso de las propias manos para producir o transformar cosas. Incluye habilidades físicas como la coordinación, el equilibrio, la destreza, la fuerza, la flexibilidad y la velocidad, así como las capacidades autoperceptivas, las táctiles y la percepción de medidas y volúmenes.
- *Inteligencia musical*: es la capacidad de percibir, discriminar, transformar y expresar las formas musicales. Incluye la sensibilidad al ritmo, al tono, a la melodía, al timbre y al color tonal de una pieza musical.
- *Inteligencia interpersonal*: consiste en la capacidad de percibir y distinguir los diferentes estados de ánimo, las motivaciones y los sentimientos de las otras personas.
- *Inteligencia intrapersonal*: es el conocimiento de sí mismo y la habilidad para adaptar la propia actuación a ese conocimiento. Esta inteligencia incluye la formación de una imagen precisa de uno mismo; la toma de conciencia de los propios estados de ánimo, motivaciones y deseos; la autodisciplina, la autocomprensión y la autoestima.

LA INTELIGENCIA EMOCIONAL

En la década de los noventa, dos psicólogos, Peter Salovey y John Mayer acuñaron el expresivo término de inteligencia emocional para referirse a las inteligencias interpersonal e intrapersonal de Gardner. Daniel Goleman popularizó el concepto con su obra *Inteligencia Emocional*.[1] Estos autores definieron las capacidades que integran la competencia emocional:

- Reconocer las propias emociones, es decir, ser capaz de identificar un sentimiento en el mismo momento en que aparece.
- Saber manejar las propias emociones, tales como el miedo, la ira o la tristeza, con la finalidad de sustituir el programa de comportamiento

---

[1] Goleman, D. *Inteligencia Emocional*. Kairós: Barcelona,1996.

congénito primario por otras formas de comportamiento civilizadas. Se trata de poder tranquilizarse uno mismo y dominar la ansiedad, la tristeza o la irritabilidad.

- La capacidad de motivarse uno mismo. El autocontrol emocional consiste en poder demorar la gratificación y controlar la impulsividad.
- El reconocimiento de las emociones ajenas. Los estudios sobre comunicación estiman que alrededor del noventa por ciento de la comunicación emocional se produce sin palabras. La empatía incluye admitir las emociones, escuchar con concentración y ser capaz de comprender pensamientos y sentimientos que no se han expresado verbalmente.
- El control de las relaciones. Consiste en crear relaciones sociales siendo capaz de reconocer los conflictos y buscar sus soluciones, encontrar el tono adecuado y percibir los estados de ánimo del interlocutor.

Según estos autores, la inteligencia emocional se puede aprender sobre la base de prestar una atención consciente a nuestras emociones y a las de los demás.

Las investigaciones acerca de cómo funciona el cerebro han demostrado la existencia de un cerebro emocional —el sistema límbico y la amígdala— conectado y en constante interacción con el neocórtex o cerebro racional. Diversas investigaciones posteriores aportaron también pruebas de que la capacidad de aprendizaje y la memoria requieren una amígdala intacta.

Con la ayuda de las cinco emociones básicas: felicidad, tristeza, indignación, temor y rechazo, y sus combinaciones, el cerebro emocional puede hacer una rápida valoración de las situaciones inesperadas a partir de pocas y fragmentarias percepciones. En situaciones de peligro se pone en marcha un programa emocional genético que actúa con rapidez. El cerebro racional es mucho más preciso y probablemente proporcionaría un mejor plan de actuación, pero necesitaría el doble de tiempo. Las emociones son, por tanto necesarias para la racionalidad: el sentimiento y el pensamiento están entrelazados.

El psicoterapeuta estadounidense Eugene Gendlin descubrió que los pacientes sometidos a terapia que más rápidamente mejoraban eran aquellos que, en un momento dado, guardaban silencio, y prestaban atención a procesos internos que no podían verbalizar. Gendlin denominó a estos procesos *sensación sentida*, y descubrió que no se formaba en la cabeza, sino en el centro del cuerpo, en el plexo solar[2].

Las emociones se manifiestan a menudo como sensaciones físicas, positivas o negativas, señales que resultan muy útiles para reconocer una gran variedad de situaciones personales. Por eso es importante desarrollar la capacidad de "escuchar el propio cuerpo".

---

[2] Gendlin, E. *Focusing*. Bantam, Nueva York: 1981. Citado en Claxton, G. *Cerebro de liebre, mente de tortuga.* Urano: Barcelona, 1999.

LOS SIETE MODOS DE ENSEÑAR			
Inteligencia	**Actividades de enseñanza (ejemplos)**	**Materiales de enseñanza (ejemplos)**	**Estrategias didácticas**
Lingüística	Clases, debates, juegos de palabras, narración de cuentos, lectura oral, diarios, etc.	Libros, periódicos y revistas, grabadoras, ordenadores, Internet, etc.	Leer, escribir, hablar, escuchar.
Lógico-matemática	Problemas de ingenio, resolución de problemas, experimentos de ciencia, cálculos, mentales, juegos con números, pensamiento crítico, etc.	Calculadoras, materiales manipulables de matemáticas, equipo científico, juegos matemáticos, juegos y programas de ordenador, etc.	Cuantificar, pensar de forma crítica, conceptualizar.
Espacial	Presentaciones visuales, actividades artísticas, juegos de imaginación, mapas mentales, metáforas, visualizaciones, etc.	Gráficos, mapas, vídeo, LEGO, materiales de arte, ilusiones ópticas, cámaras fotográficas, bibliotecas de imágenes, programas de diseño, Internet, etc.	Ver, dibujar, visualizar, colorear, hacer murales, mapas mentales, etc.
Corporal-kinética	Aprendizaje con actividades prácticas manuales, teatro, danza, deportes que enseñan, actividades táctiles, ejercicios de relajación, etc.	Herramientas para construir, masilla, equipo deportivo, materiales manipulables y táctiles para el aprendizaje, etc.	Construir, actuar, tocar, sentir "visceralmente", bailar.
Musical	Vocalizar, cantar en el estilo "rap", canciones que enseñan, juegos de ritmo, superaprendizaje.	Reproductor de música, colección de cintas y discos, instrumentos musicales.	Percutir, vocalizar, cantar, escuchar.
Interpersonal	Actividades que favorezcan la cohesión del grupo, aprendizaje cooperativo, participación en la comunidad, reuniones sociales, simulaciones, etc.	Juegos de mesa, provisiones para fiestas, utilería y vestuario para la dramatización, etc.	Enseñar el tema, colaborar en ello, interacturar con respecto al tema.
Intrapersonal	Atención a la diversidad, estudio independiente y personal, optatividad en la elección de los cursos, autoorganización, construcción de la autoestima, etc.	Materiales para la autoevaluación, diarios, materiales para proyectos individuales, etc.	Conectarlo con la propia vida personal, hacer elecciones personales.

(Adaptado de Thomas Armstrong (1999). *Las inteligencias múltiples en el aula*).

> **LA INTELIGENCIA EMOCIONAL EN EL AULA**
> - Reconocer las emociones propias y ajenas.
> - Hablar de las emociones.
> - Autocontrol emocional.
> - Reconocer los sentimientos propios y ajenos.
> - Hablar de los sentimientos propios y ajenos.
> - Desarrollar los lenguajes no verbales: la música, el silencio, el gesto, la mirada, el movimiento.
> - Reconocer los conflictos.
> - Comprender que los conflictos pueden solucionarse.
> - Buscar soluciones.

LA INTELIGENCIA INCONSCIENTE

Todas estas investigaciones aportan una visión más rica de la mente humana y hablan de la existencia de formas inconscientes de conocimiento.

Las neuronas de nuestro cerebro establecen diferentes conexiones a partir de la propia experiencia vital. El cerebro recoge informaciones que provienen del mundo exterior a través de los ojos, los oídos, la nariz, la lengua y la piel, y las contrasta con datos internos que provienen de pasadas experiencias almacenadas en él. El tipo de estímulos que recibe el individuo es determinante para que queden activadas o no determinadas sinapsis cerebrales.

Los seres humanos perciben el mundo circundante de dos formas distintas: por vía racional —las informaciones son registradas y clasificadas y dan lugar a conclusiones racionales—, y por vía emocional: todos los hechos que se producen en nuestra interacción con el mundo exterior tienen una resonancia emocional, aportan una serie de informaciones que no llegan a hacerse conscientes, pero que nuestro cerebro almacena cuidadosamente. Cuando esta resonancia emocional rebasa ciertos umbrales, las informaciones del exterior pueden hacerse conscientes en forma de efectos físicos como sudores, palidez, molestias gástricas, risa o llanto.

De forma inconsciente, reaccionamos ante estímulos que no llegan a entrar en nuestra conciencia. La mente analiza esta percepción inconsciente, detecta lo importante o peligroso y decide cuándo debe hacerse consciente.

Guy Claxton[3], investigador y docente, habla de distintas modalidades de pensamiento: el racional, propio del intelecto, y las formas lentas de pensamiento, propias de la *submente* o inteligencia inconsciente. Estas formas más lentas de conocimiento se asocian con la creatividad y resultan muy eficaces

---
[3] Claxton G. Ob. cit.

cuando hay que aclarar situaciones complejas, oscuras y poco definidas, o cuando la cuestión es tan sutil que no se deja capturar en las categorías habituales del pensamiento consciente.

Básicamente, *la modalidad* o pensamiento racional es aquella que trabaja con conceptos y generalizaciones; busca aplicar reglas y principios siempre que sea posible; prefiere la claridad a la confusión; aprecia las explicaciones razonables; es precisa y se sustenta en un lenguaje literal y explícito. Esta modalidad opera con una sensación de impaciencia y urgencia.

MODALIDADES DEL PENSAMIENTO	
PENSAMIENTO RACIONAL	PENSAMIENTO INTUITIVO
• Busca hallar respuestas inmediatas a los problemas.	• Prefiere examinar despacio los detalles del problema.
• Da por sentado que las cosas son tal y como las percibimos.	• Considera que las cosas pueden ser de modo distinto a como las percibimos.
• Considera la comprensión consciente y verbalizada la mejor herramienta para la resolución de problemas.	• No se basa en la comprensión consciente y verbalizada de conceptos, sino en la intuición que opera con imágenes.
• Valora la explicación por encima de la observación. Le preocupa más el porqué que el qué.	• Valora la observación. Le preocupa el qué más que el porqué.
• Aprecia las explicaciones y los planes razonables y justificables más que los intuitivos.	• Acepta informaciones vagas o ambiguas. Se detiene en los detalles que no encajan.
• Prefiere la claridad y rechaza la confusión.	• Considera que de la confusión puede brotar la comprensión.
• Opera con una sensación de impaciencia y urgencia.	• Opera con una sensación de que el tiempo no importa.
• Es preciso. Se sustenta en un lenguaje literal y explícito.	• Es ambiguo. Se sustenta en un lenguaje poético.
• Opera con conceptos y generalizaciones. Busca aplicar reglas y principios siempre que sea posible.	• No necesita aplicar reglas y principios: se toma en serio ideas aparentemente sin sentido, que surgen sin un trayecto previamente trazado por la mente racional.
• Se desenvuelve bien cuando aborda problemas que se tratan como un compendio de partes que pueden recibir un nombre.	• Se desenvuelve bien cuando aborda problemas complejos y sutiles.

© narcea, s. a. de ediciones

Las modalidades más lentas de pensamiento, o pensamiento intuitivo, en cambio, se basan en la intuición que opera con imágenes. Estas formas más lentas aceptan informaciones vagas, efímeras, marginales o ambiguas; se detienen en los detalles que no encajan; son formas de pensamiento relajadas, ociosas y lúdicas, dispuestas a explorar sin saber con qué van a encontrarse. Aceptan la confusión como un terreno del que puede brotar la comprensión. Usan las posibilidades de enriquecimiento y alusión que les proporcionan la metáfora, la imaginación, los mitos y los sueños. Extraen patrones significativos que se encuentran distribuidas entre múltiples situaciones, tanto en el tiempo como en el espacio. Son por eso especialmente adecuadas para abordar problemas complejos y sutiles. Requieren tiempo, ya que extraen patrones comunes que están latentes en experiencias que a primera vista parecen diferentes.

Según Guy Claxton, la mente, si se le da el tiempo necesario, puede percibir nuevos patrones o significados en una información que ya posee, y registrarlos conscientemente en forma de ideas o intuiciones, que deben tomarse en serio, aunque también han de estar sujetas a crítica.

Igual que puede desarrollarse y educarse la mente racional, pueden aguzarse la intuición y la capacidad para "escuchar nuestro cuerpo", para saber interpretar esas impresiones débiles con las que nuestro organismo está dándonos datos relevantes. Se trata de afinar nuestras percepciones y desarrollar otras formas de ver y conocer más ricas que las habituales. Para desarrollar las formas de pensamiento relacionadas con la intuición y la creatividad, Claxton propone cuatro estrategias:

- *Ejercitar la detección* o prestar atención a lo que nos rodea en sus detalles más insignificantes.
- *Ampliar la capacidad de concentración*: "escuchar nuestro cuerpo" y aprender a interpretar las impresiones débiles con las que nos están dando datos relevantes.
- *Desarrollar la sensibilidad poética*.
- *Desarrollar la atención mental*, o sea, ser capaces de ver la realidad a través de nuestras suposiciones, estereotipos y prejuicios.

LA INTELIGENCIA CREADORA

Según José Antonio Marina[4] la inteligencia cumple una función adaptativa: permite conocer la realidad —las cosas como son—, pero también inventa posibilidades: descubre lo que las cosas pueden ser. Para este autor no existe inteligencia sino un mirar inteligente, un recordar inteligente, un imaginar inteligente, etc.

---

[4] Marina, J.A. *Teoría de la inteligencia creadora*. Anagrama: Barcelona, 2000.

La mirada es inteligente porque el ojo está dirigido en su mirar por los propios deseos y proyectos. Ver, oír, escuchar, oler, no son operaciones pasivas, sino exploraciones activas para extraer información. La mirada inteligente y creadora extrae más información, identifica nuevos aspectos, inventa significados y, por último, reconoce parecidos lejanos. Es una mirada metafórica, que muestra la cantidad de parecidos que existen entre realidades muy alejadas entre sí.

El movimiento es inteligente porque lo que define la acción es la intención. En toda acción voluntaria hay un proyecto, una orden de marcha, una serie de operaciones automatizadas o conscientes dirigidas, una continua comparación con el plan previo, que lleva a una evaluación, tras la cual la acción continúa o se corrige. Al ser humano no le basta con saber hacer. Ha de tener ánimos para hacer: la motivación proporciona la fuerza o energía activa que mantiene el comportamiento.

La atención es inteligente porque no se puede procesar toda la información recibida, y es preciso seleccionarla. Mientras que la atención animal es la sumisión de todo el organismo a una tarea, el ser humano, en cambio, puede establecer el orden de sus intereses. Hay actividades como el juego, por ejemplo, que a pesar de consumir mucha energía se viven sin un sentimiento de esfuerzo: la conciencia y su actividad están unidas y el individuo vive este estado de concentración como una sensación de plenitud.

Los grandes creadores hablan de mantener en los momentos creativos una atención tranquila, flotante o errática. Para Marina, esto no es más que un conjunto de planes y esquemas activados y vigentes. Lo que hace fértil la inteligencia es su habilidad para mantener activado un gran sector de su memoria, del cual sólo una parte se encuentra en estado consciente. En esta modalidad de pensamiento, la información no está ni consciente ni inconsciente, sino *vigente*. La cantidad de proyectos y esquemas que se pueden mantener activados simultáneamente es una de las características decisivas de la inteligencia creadora.

La memoria es inteligente porque es un sistema dinámico: el individuo ve, interpreta y comprende desde la memoria. Marina concibe la memoria dentro de un marco más amplio: el del acceso a la información, y señala que el primer banco de datos del ser humano es el banco de datos de acceso inmediato, constituido por los conocimientos que posee, lo que tradicionalmente llamamos "la memoria". El acceso a ella es directo, pues para usar esta información no se necesita ningún apoyo exterior. El segundo es el banco de acceso mediato y está constituido, en primer lugar, por todos los soportes materiales de información: libros, archivos, vídeos... —a los que se puede acceder gracias a la memoria personal que sabe descifrar y comprender esa información codificada— y, en segundo lugar, por la realidad entera de la que el ser humano extrae información de manera constante.

Para Marina, la memoria "no es tanto almacén del pasado como entrada al porvenir", es la puerta de acceso a toda información, lo que la sitúa en la primera línea de la actividad inteligente. La educación ha de tener en cuenta que los conocimientos importantes son, precisamente, los saberes de acceso, pues el ser humano va a disponer de poderosísimos bancos de datos codificados.

Para este autor, el creador es alguien que necesita menos información que los demás para llegar a una buena conclusión: tiene "intuición", o lo que él denomina "el sexto sentido". Gracias a esta intuición, la inteligencia consigue andar certeramente por caminos inciertos.

Las intuiciones se presentan como convicciones que resuenan afectivamente y que la lengua del pueblo llama corazonadas; impresiones vagas que permiten al ser humano dirigir su acción por razones muy poco precisas. Ocurre que la tarea creadora tiene frecuentemente comienzos humildes: una idea vaga, un presentimiento, una información fragmentaria, confusa o minúscula, capaz, sin embargo, de activar y dirigir la acción, proponiéndole una meta.

CONSECUENCIAS METODOLÓGICAS

De todo lo expuesto en este capítulo podemos deducir las siguientes consecuencias metodológicas:

- ✔ Educar de una forma integral implica atender no sólo a los aspectos lógicos y racionales de la mente, sino también a la intuición y a la creatividad, a la fantasía y a lo irracional. Habrá que prestar atención, por tanto, a una doble vía en la transmisión de los conocimientos: la racional y la emotiva.

- ✔ Los estudios sobre la cognición creativa parecen indicar la necesidad de atender no sólo a la mente consciente, sino también a la *submente*, y aceptar que el "no hacer nada" es parte del proceso de aprendizaje.

- ✔ Los contenidos y las actividades deben atender al desarrollo de todas las facetas de la mente. No será necesario dedicar tiempo a aquellas informaciones que los escolares pueden aprender por sí solos. En cambio, son de vital importancia los *saberes de acceso*, aquellas habilidades relacionadas con la palabra y el lenguaje, con la búsqueda, selección y organización de la información. La selección rigurosa de los contenidos permitirá contar con el tiempo necesario que requiere todo método activo y basado en el descubrimiento.

- ✔ Tan importantes como los contenidos de aprendizaje son las relaciones sociales; de modo que los nuevos métodos de enseñanza deben favorecer la autoestima, la empatía y el trabajo colaborativo. Para ello son adecuados los trabajos por proyectos de carácter interdisciplinario.

II

JUEGO, CREATIVIDAD Y APRENDIZAJE

5

Jugar y aprender

> *"El niño juega con una seriedad perfecta y, podemos decirlo con pleno derecho, santa. Pero juega y sabe que juega. El deportista juega también con apasionada seriedad, entregado totalmente y con el coraje del entusiasmo. Pero juega y sabe que juega. El actor se entrega a su representación, al papel que desempeña o juega. Sin embargo juega y sabe que juega. El violinista siente una emoción sagrada, y vive un mundo más allá y por encima del habitual y, sin embargo, sabe que está ejecutando o como se dice en muchos idiomas, jugando. El carácter lúdico puede ser propio de la acción más sublime".*
>
> JOHAN HUIZINGA

EL JUEGO Y SUS CLASES

El juego es una actividad humana compleja que ha sido estudiada desde muy diferentes puntos de vista. El primero que abordó el tema de forma sistemática fue Johan Huizinga en su libro, ya clásico, *Homo ludens*, publicado en 1938. En esta obra define los elementos más importantes que conforman la conducta lúdica, y establece las relaciones que existen entre el juego y los ritos de las sociedades primitivas, los mitos paganos, las principales religiones y corrientes filosóficas de la antigüedad y las diversas formas artísticas y culturales.

Huizinga define el juego como "una acción u ocupación libre, que se desarrolla dentro de unos límites temporales y espaciales determinados, según reglas absolutamente obligatorias, aunque libremente aceptadas, acción que tiene su fin en sí misma y va acompañada de un sentimiento de tensión y alegría y de la conciencia de "ser de otro modo" que en la vida corriente"[1]. Considera que el ser humano se define no sólo por su capacidad para pensar (*homo sapiens*), sino también por su capacidad para el juego (*homo ludens*). Esta capacidad de juego es para este autor "uno de los elementos espirituales más fundamentales de la vida".

Por su parte, Roger *Caillois,* antropólogo y ensayista francés, se basó en el estudio de Huizinga para comentarlo y ampliarlo en su obra *Los juegos y los hombres,* cuya primera edición data del año 1958. Caillois comparte una misma concepción del juego con Huizinga, pero además, la completa reflexionando acerca de los distintos tipos de juego que existen, en función de la clase de impulso lúdico que lo provoca. Este autor diferencia en su obra cuatro bloques principales de juegos según predomine en ellos la competición, el azar, el simulacro o el vértigo.

Los juegos en los que predomina la competición, y que el autor denomina con el término *agôn,* son juegos de combate en los que los jugadores se enfrentan en condiciones de igualdad de oportunidades para poder determinar sin ningún género de dudas el triunfo de un vencedor. El móvil de este tipo de juego es el deseo de cada jugador de superar a su adversario y demostrar así su excelencia en un determinado campo: rapidez, resistencia, habilidad, etc. La práctica del *agôn* supone atención, preparación, esfuerzo y voluntad de vencer. Un ejemplo claro de este tipo de juegos sería el fútbol.

Aquellos en los que lo determinante es el azar (*alea*) son los fundados en una decisión que no depende del jugador. En ellos éste permanece pasivo y no busca ganar sobre su adversario, sino sobre el propio destino. Los juegos de azar, como la ruleta, los dados o la lotería, no ponen el énfasis en el trabajo, el esfuerzo o la perseverancia personal.

Con los juegos en los que predomina el simulacro (*mimicry*), el jugador se evade de su mundo convirtiéndose en otro: se despoja temporalmente de su personalidad y finge otra encontrando en ello placer y diversión. Ejemplo de este tipo de juegos serían los juegos de imitación, entre los que se encuentran las representaciones teatrales y aquellos en que los niños intentan imitar al adulto, sirviéndose frecuentemente de juguetes que reproducen en miniatura herramientas, utensilios, armas o máquinas de las que se sirven las personas mayores.

Por último, los juegos en los que predomina el vértigo (*ilinix*) pretenden destruir por un instante la estabilidad de la percepción y entrar en una especie de pánico voluptuoso. Se trata, en todos los casos, de acceder a una especie de espasmo, de trance o de aturdimiento que aniquila bruscamente la realidad. Ejemplos de este tipo de juegos serían los movimientos giratorios, las piruetas y las caídas; la montaña rusa, la noria, y muchas otras propuestas de los parques de atracciones.

---

[1] Huizinga, J. *Homo Ludens.* Emecé Editores: Buenos Aires, 1968, pág. 49.

© narcea, s. a. de ediciones

Las actitudes propias de estos cuatro tipos de juego, según Caillois, se hallan a menudo mezcladas, como, por ejemplo, aquellas jugadas de naipes que combinan suerte y habilidad.

Piaget concibe el juego como una de las más importantes manifestaciones del pensamiento infantil: a través de la actividad lúdica el niño desarrolla nuevas estructuras mentales. Este autor distingue distintas clases de juego, en función de la etapa evolutiva del niño:

- El *juego motor o de ejercicio* sería el propio de las primeras etapas: chupar, aprehender, lanzar... a través de ellos el niño ejercita y desarrolla sus esquemas motores.

- El *juego simbólico* aparece en un segundo momento en el cual el niño es capaz de evocar, con ayuda de la imaginación, objetos y situaciones ausentes, consolidando así una nueva estructura mental: la posibilidad de ficción.

- El *juego de reglas* es el característico de una tercera y última etapa en la que el niño puede ya acordar y aceptar ciertas reglas que comparte con otros jugadores.

Vigotski señala dos características definitorias de la actividad lúdica: la instalación de un contexto o *situación imaginaria* y la presencia de *reglas*, explicitadas o no. Según este autor, a lo largo de su evolución el niño desarrolla tres clases de juegos:

- *Los juegos con distintos objetos,* en los que los niños juegan a agarrar los objetos, a tirarlos, a observarlos...; y cuando ya pueden desplazarse, a esconderlos, a esconderse ellos mismos, a escapar... Con estas actividades lúdicas ponen las bases de su organización interna.

- *Los juegos constructivos,* en los que el niño es capaz de realizar acciones planificadas y racionales, que ponen de manifiesto un mayor grado de relación con el mundo que le rodea.

- *Los juegos de reglas,* que plantean al jugador problemas complejos que hay que resolver respetando ciertas normas estrictas. Esto permite al niño apropiarse de ciertos saberes sociales y desarrollar su capacidad de razonamiento.

CARACTERÍSTICAS DEL JUEGO

Partiendo de las definiciones que dan del juego Huizinga y Caillois, cuyas aportaciones han sido esenciales para posteriores estudios sobre el tema, se pueden establecer las siguientes características definitorias:

- **El juego es una actividad libre.** El juego "en su expresión original", como lo denomina Hilda Cañeque[2], responde al deseo y a la elección subjetiva del jugador, y nadie puede dirigirlo desde fuera.

- **La realidad imaginaria del juego nace de la combinación adecuada de los datos de la realidad con los de la fantasía.** El psiquiatra D.W. Winnicott, en su obra *Realidad y juego*, sitúa la actividad lúdica en el espacio fronterizo entre el mundo exterior y el mundo interior del individuo. El ser humano, ante la distancia insalvable que lo separa del universo que lo rodea, construye, a través del mundo imaginario del juego, una región intermedia entre él y las cosas.

Este espacio vital, que no es "exterior" ni "interior", es denominado por Winnicott "espacio potencial". Está en el límite entre lo ideal y lo real, entre la ficción y la realidad, y ése es también el lugar del juego: "Aquí se da por supuesto que la tarea de aceptación de la realidad interna nunca queda terminada, que ningún ser humano se encuentra libre de vincular la realidad interna con la exterior, y que el alivio de esta tensión lo proporciona una zona intermedia de experiencia que no es objeto de ataques (las artes, la religión, etc.). Dicha zona es una continuación directa de la zona de juego del niño pequeño que "se pierde" en sus juegos. En la infancia, la zona intermedia es necesaria para la iniciación de una relación entre el niño y el mundo,..."[3].

- *Todo juego se desarrolla en un tiempo y un espacio propios.* Los jugadores se ponen de acuerdo y establecen las fronteras del espacio lúdico, así como los límites temporales del comienzo y el final del juego. En los juegos muy estructurados, como los deportivos, por ejemplo, se delimitan claramente y de antemano el lugar y la hora exacta en que comenzará y terminará el juego. En otros, más libres, el espacio y el tiempo del juego se van fijando en el devenir del juego mismo.

El espacio de juego es un lugar simbólico, fronterizo entre la realidad y la fantasía; el tiempo del juego es también imaginario; un tiempo "fuera del tiempo" en el que cualquier cosa puede suceder. Es muy fácil entrar y salir del espacio y del tiempo del juego. Los niños que juegan lo hacen con total espontaneidad.

Todo jugador que no respeta el tiempo o el espacio del juego es penalizado inmediatamente o excluido por los otros jugadores.

- **El juego se ajusta a ciertas reglas que lo sostienen.** Cada juego exige un espacio, un tiempo y unas reglas. Éstas nunca expresan lo que debe suceder, sino *lo que no debe ocurrir en ningún caso*. Por eso no hay contradicción entre la

---

[2] Cañeque, H. *Juego y vida*. Ateneo: Buenos Aires, 1991.
[3] Winnicott, D.W. *Realidad y juego*. GEDISA: Buenos Aires, 1979, pág. 31

idea de juego como actividad libre y como actividad reglada: las reglas del juego no determinan el curso de la acción, sino que la posibilitan dentro de unos ciertos límites. En el devenir del juego, los jugadores se van poniendo de acuerdo, libremente, en una serie de convenciones o reglas que, una vez formuladas, son respetadas escrupulosamente por todos. Su trasgresión supone perder el juego o ser expulsado del espacio lúdico.

- *El juego tiene siempre un destino incierto.* A pesar del orden que crean las reglas del juego, éste tiene siempre un destino incierto: va improvisando su desarrollo a medida que se ejecuta y se vivencia. No hay etapas ni desenlaces previstos. Esa incertidumbre es lo que mantiene al jugador en tensión, en desafío permanente, para descubrir y resolver las distintas situaciones que se le van presentando. Aunque se juegue muchas veces el mismo juego, nunca es el mismo, pues los jugadores tienen que crear siempre nuevas respuestas a las nuevas situaciones planteadas.

- *El juego no "sirve para nada"*, no pretende producir nada, ni obtener ningún bien ni producto final.

- *El juego produce placer, alegría y diversión.* Como señala Huizinga, "el juego está fuera de la disyunción, sensatez y necedad; pero fuera también del contraste verdad y falsedad, bondad y maldad. Aunque el jugar es actividad espiritual, no es, por sí, una función moral, ni se dan en él virtud o pecado"[4].

Huizinga relaciona el juego con el arte, pues éste se acompaña de toda clase de elementos de belleza. Desde un principio, en las formas más primitivas del juego se engarzan la alegría y la gracia, el ritmo y la armonía. El juego no es una necesidad; se juega por gusto y por recreo: el niño y el animal juegan simplemente porque encuentran placer en ello.

POR QUÉ ES IMPORTANTE JUGAR: LAS FUNCIONES DEL JUEGO

A pesar de que, como hemos visto, el juego no tiene un producto final, es una actividad que sirve para muchas y muy importantes cosas, ya que promueve una serie de actitudes vitales que transforman al individuo que juega.

El juego, con la sensación de exploración y descubrimiento que lleva aparejada, viene a ser un "banco de pruebas permanente" para la resolución de posibles situaciones problemáticas, lo que produce en el jugador importantes y significativos cambios personales. El juego activa y estructura las relaciones humanas. Jugando, las personas se relacionan sin prejuicios ni ataduras y se preparan para encarar aquellas situaciones vitales que le van a permitir definir su propia identidad.

---

[4] Huizinga, J. Ob. cit., pág. 19.

El juego promueve y facilita cualquier aprendizaje, tanto físico (desarrollo sensorial, motriz, muscular, coordinación y psicomotriz, etc.) como mental: en este sentido, como han señalado Piaget y Bruner entre otros, el juego constituye un medio fundamental para la estructuración del lenguaje y el pensamiento.

Como señala Hilda Cañeque en su obra *Juego y vida*, ya citada, el juego estimula en la vida del individuo una *altísima acción "religante"* (de *religare*), es decir que ayuda al jugador a relacionar las nuevas situaciones vitales que se le presentan con otras escenas vividas, tanto de su propia experiencia como de la historia de su comunidad.

Con el juego, el jugador recupera escenas lúdicas pasadas que traen adosadas también el clima de libertad en que estas experiencias transcurrieron. Estos climas vivenciales de libertad, recuperados en el campo de juego, acaban contagiando las más diversas acciones de la vida cotidiana del jugador. El juego posee también una función anticipatoria: como señala Vigotski, el niño que juega ensaya en el campo lúdico comportamientos para los que no está preparado en la vida real y que anticipan situaciones futuras. Igualmente, el adulto, por medio del juego, imagina, anticipa y resuelve posibles situaciones futuras conflictivas.

El juego es catártico y posibilita aprendizajes de fuerte significación. Es un recurso creador que permite al que juega una evasión saludable de la realidad cotidiana permitiéndole dar salida a su mundo imaginario. De esta manera, y a lo largo del proceso, el individuo reelabora de forma placentera sus conflictos internos, y los expulsa fuera de la psique. El ambiente de distracción que propicia el juego hace que se aflojen las defensas psicológicas y que el jugador se permita en el campo lúdico acciones que en su vida tiene vedadas, ya sea por otros o por sí mismo. Se adquieren así por medio del juego nuevos esquemas de aprendizaje. El juego ayuda al jugador a restar importancia a sus propios errores o fracasos, y fortalece su resistencia a la frustración.

JUEGO Y TRABAJO

Frente a lo que ocurría en importantes civilizaciones que nos precedieron, como la griega o la romana, la cultura occidental considera el juego como algo opuesto al trabajo. El juego se ve como una actividad secundaria, ya que, puesto que no busca conseguir nada, "no sirve para nada". Sin embargo, en las páginas anteriores hemos visto la importante función que la actividad lúdica cumple en el desarrollo integral del individuo, no sólo en las etapas más tempranas de su desarrollo, sino a lo largo de toda su existencia.

Si pretendemos defender el juego como elemento educativo, es importante diferenciar estas dos actividades del ser humano.

© narcea, s. a. de ediciones

El trabajo

El trabajo es una actividad impuesta socialmente que se expresa en el campo de la realidad y prevé un desarrollo y un desenlace. La actividad laboral produce bienes o servicios y por tanto valora los resultados mucho más que el proceso. Se evalúa el trabajo realizado en función de su rendimiento, es decir, del producto resultante.

El trabajo se reglamenta de acuerdo con objetivos previos, fijados de antemano, que exigen un plan, una dirección y un método. Según las personas y el tipo de actividad que se desarrolle, éste puede ser o no placentero.

El juego

El juego, en cambio, en su expresión original, constituye una actividad libre, nunca impuesta desde afuera. Se desarrolla en el campo de lo irreal o ficticio, ya que se articula a partir de una situación imaginaria, en un espacio y tiempo propios.

La actividad lúdica no prevé ni un desarrollo ni un desenlace; tiene por tanto un destino incierto. Es una actividad improductiva que, aparentemente, no sirve para nada; no produce bienes ni servicios, ni se espera de ella rendimiento alguno.

Lo que se valora en el juego, en cambio, es el proceso y no el resultado. Las reglas del juego no se imponen desde fuera, ni se rigen por ningún objetivo previo, sino que se establecen libremente según un acuerdo aceptado por todos. El juego, a diferencia del trabajo, siempre produce placer y diversión.

TRABAJO	JUEGO
• Actividad impuesta	• Actividad libre
• Campo de la realidad	• Campo de lo imaginario
• Prevé un desarrollo y un desenlace	• Tiene un destino incierto
• Es productivo	• Es improductivo
• Valora el resultado	• Valora el proceso
• Prevé objetivos	• No existe objetivo previo
• Puede producir placer o no	• Siempre produce placer

© narcea, s. a. de ediciones

EL JUEGO EN EL CONTEXTO EDUCATIVO

Tradicionalmente, se acepta el valor educativo del juego en los primeros niveles de enseñanza. Los escolares de las etapas infantil y primaria aprenden con distintas clases de juegos (individuales o de grupo): juegos que implican movimiento, como los de persecución; simbólicos, como los juegos de palabras; cantados o con música, como los corros, bailes, etc. Más adelante desarrollan actividades lúdicas que combinan azar e inteligencia: juegos de mesa, como el parchís o el ajedrez; de competencia, como los concursos; juegos de simulación, de ingenio y habilidad, etc.

Pero desgraciadamente, según los chicos y chicas pasan de curso, o bien se abandonan todas las actividades de juego o se les plantean actividades pretendidamente lúdicas en las que el alumnado, en realidad, está desarrollando un verdadero trabajo.

El juego en su expresión original —libre, divertido y placentero— desaparece, pues se considera impropio de los niveles más avanzados, como la Secundaria Obligatoria o el Bachillerato; como mucho, se aceptan juegos competitivos en las áreas de Educación Física o los denominados *juegos didácticos* en algunas asignaturas.

Sin embargo, la integración de las actividades lúdicas en el contexto escolar, en todos los niveles de enseñanza, proporciona abundantes ventajas:

- Facilita la adquisición de conocimientos.
- Dinamiza las sesiones de enseñanza-aprendizaje, mantiene y acrecienta el interés del alumnado ante ellas y aumenta su motivación para el estudio.
- Fomenta la cohesión del grupo y la solidaridad entre iguales.
- Favorece el desarrollo de la creatividad, la percepción y la inteligencia emocional, y aumenta la autoestima.
- Permite abordar la educación en valores, al exigir actitudes tolerantes y respetuosas.
- Aumenta los niveles de responsabilidad de los alumnos, ampliando también los límites de libertad.

En el contexto escolar se suele introducir el juego como mero recurso didáctico, con el fin de facilitar la adquisición de determinados contenidos curriculares. Así, por ejemplo, se utilizan las "palabras cruzadas" para la enseñanza de la lengua.

También como recurso didáctico es aceptado un tipo de juego que involucra a los alumnos en situaciones imaginarias, ya sea para hacerles entrar en un *juego de simulación* (disfraces, dramatizaciones, representaciones teatrales...) o para plantearles situaciones problemáticas o dilemas que tienen que resolver.

Sin embargo, el juego constituye un recurso de primer orden para la educación integral del alumnado. Generalmente, en un juego libre y placentero, el niño despliega todos sus aprendizajes previos y pone de manifiesto las estrategias que es capaz de utilizar para resolver los conflictos que el juego plantea.

Jugando, el niño inventa situaciones imaginarias en las que descubre de forma distraída aspectos de la realidad y de sí mismo que desconoce. Al movilizar en el juego sus conocimientos previos, se sale de lo disciplinar y afronta los retos con una mente interdisciplinar y transversal.

ACTITUDES ANTE EL JUEGO

En un Instituto de Educación Secundaria de una zona residencial de Madrid cercana a la capital, la jefa de estudios, alarmada por los informes que el encargado (que no era en este caso bibliotecario) de la biblioteca le daba acerca de las clases "tan extrañas" que allí impartía a sus alumnos la profesora de literatura, pidió explicaciones a esta profesora, quien intentó transmitirle, entusiasmada por el repentino interés de la jefa de estudios, las estrategias, basadas en el juego y en la creatividad, que recientemente estaba introduciendo en sus clases. La directora del centro que, sin intervenir, escuchaba atentamente la conversación, se dirigió a la docente y exclamó: "¡Qué pena, haber estudiado durante tantos años una carrera para acabar haciendo en clase estas tonterías!".

Esta actitud refleja la idea generalizada que considera la actividad lúdica propia de niños. Hilda Cañeque, con una larga trayectoria en coordinación de grupos de juego libre con adultos, destacó el hecho de que cuando una persona mayor juega libremente tiende a ser vista con mirada crítica por los observadores ajenos al proceso, ya que se presenta ante ellos haciendo cosas absurdas o ridículas. Señaló también el rechazo que provocan aquellos juegos en los que se canalizan la sexualidad o la agresividad: el observador, en estos casos, mira las escenas con prejuicios de alta intensidad.

Efectivamente, cuando un adulto juega es considerado por los demás como una persona inmadura o alguien que ha perdido la cordura. Y sin embargo, para jugar hay que estar muy sano mentalmente, pues los desórdenes de la personalidad tales como la depresión, las tendencias esquizoides o paranoicas, las actitudes demasiado perfeccionistas, extremistas, egocéntricas o narcisistas impiden el desarrollo normal y placentero de la actividad lúdica.

Los niños que sufren un trauma importante, y también algunos adultos, desarrollan un tipo de juego patológico en el que repiten una y otra vez y durante mucho tiempo los terribles acontecimientos que provocaron el trauma. Por lo tanto, "el juego es un buen barómetro para medir la salud mental"[5].

---

[5] Terr, L. *El juego: por qué los adultos necesitan jugar*. Paidós: Barcelona, 1999, pág.180.

Cañeque señala acertadamente que la concepción del juego como algo impropio de adultos ha hecho que los jóvenes carezcan de modelos correctos y estimulantes acerca de cómo desarrollar esa conducta disparatada, creativa y placentera, que es el jugar.

CONSECUENCIAS METODOLÓGICAS

La importancia del juego en el desarrollo de todas las facultades humanas, y su papel fundamental como facilitador de aprendizajes, nos llevan a concluir que la actividad lúdica, lejos de ser desterrada de las aulas, debe ser un elemento importante en ellas, no sólo en los niveles iniciales de la enseñanza sino también en los más avanzados.

Favorecer desde la escuela una actitud lúdica ayuda a los individuos a seguir siendo durante toda su vida personas más creativas, más tolerantes y más libres; y por lo tanto, también más felices.

6

La creatividad

> *"Desde la espesura del bosque, una luz, que soy yo, me guía a mí, que soy el viajero perdido"*.
>
> José A. Marina

QUÉ ES LA CREATIVIDAD

Muchos autores se han referido a la dificultad que entraña definir el término *creatividad*, ya que se encuentra entre las más complejas conductas humanas y se manifiesta de muy diversas formas en muchos y diferentes campos: el arte, la ciencia, la literatura, etc. Consecuentemente, los estudios sobre creatividad se refieren a muchos aspectos diferentes: se habla de personas creativas, ideas y obras creativas; procesos creadores, entornos y ambientes creativos, etc.

Las distintas definiciones que han aportado los teóricos subrayan la complejidad y amplitud del concepto y señalan la relación de la creatividad tanto con los procesos cognitivos del ser humano, con su afectividad y sus motivaciones, con su mente y su personalidad, como con su entorno.

Gardner[1] define al individuo creativo como "una persona que resuelve problemas con regularidad, elabora productos o define cuestiones nuevas en un campo de un modo que al principio es considerado nuevo, pero que al final llega a ser aceptado en un contexto cultural concreto."

---

[1] Gardner, H. *Mentes creativas*. Paidós: Barcelona, 1995.

Arthur Koestler[2] enunció en 1964 su teoría tripartita de la creatividad, según la cual todos los campos creativos mantienen simetrías que conectan el mundo científico con la creación artística y con la invención cómica. Él considera que la creatividad es el resultado de un proceso mental que denominó *bisociación*, o superposición instantánea de dos planos de referencia habitualmente alejados.

En la mente creativa se produce un encuentro entre estos dos planos distintos y diferentes de la realidad, y de esa superposición surge una realidad nueva: *"El acto creador, al conectar dimensiones de experiencia que antes no estaban relacionadas... constituye un acto de liberación, la derrota del hábito por parte de la originalidad"*.

Todo proceso de *bisociación* implica, pues, dos etapas: el alejamiento de las formas rutinarias de pensar (*disociación*), y la creación de nuevas relaciones entre hechos normalmente alejados entre sí (*asociación*).

La creatividad ha sido y es objeto de estudio de varias ciencias. La psicología psicoanalítica relaciona la creatividad con los procesos primarios del pensamiento, inconscientes e irracionales; con la conducta lúdica y la fantasía. Para Freud, la diferencia entre el sujeto creativo y el que no lo es consiste en que el primero acepta y elabora sus fantasías, mientras que el segundo trata de eliminarlas. Los estudios psicoanalíticos sobre la creatividad señalan que ésta brota del *preconsciente*, espacio intermedio entre el inconsciente y el consciente, y subrayan la importancia de las formas simbólicas, sin las cuales no es posible el desarrollo de ningún proceso mental.

En las últimas décadas del siglo XX se han desarrollado muchas líneas de investigación diferentes relacionadas con la creatividad. Unos autores se han centrado en el estudio de los procesos creativos, la persona creativa, los productos creativos y el ambiente creativo; otros han investigado la solución de problemas, la intuición y los estados afectivos en relación con el proceso creativo, la activación neuronal y la atención. Algunos otros, como Gardner, se plantean el estudio de la creatividad a través del análisis de la vida de los sujetos considerados altamente creativos.

A partir del desarrollo de la *ciencia cognitiva* se comienza a estudiar la mente humana, analizando lo que ocurre en ella cuando actúa. Uno de los temas que más se ha estudiado es el de la cognición creativa: se parte de la idea de que la mente es un instrumento creativo, capaz de avanzar desde experiencias concretas a la creación de ideas nuevas.

Las diferentes líneas de investigación coinciden con la idea de que la creatividad es una realidad compleja o *síndrome* que surge de los campos cognitivo, afectivo, social y físico del ser humano.

---

[2] Koestler, A. *El acto de la creación*. Hutchinson: Londres, 1964. Traducción de Eva Aladro, en "Cuadernos de Información y Comunicación". Departamento de Periodismo III. Facultad de Ciencias de la Información. Universidad Complutense de Madrid.

© narcea, s. a. de ediciones

EL PROCESO CREATIVO

El proceso creativo es un proceso cognitivo largo que requiere preparación, trabajo y sucesivas pruebas antes de llegar a producir algo original. Fue G. Wallas quien en 1946 definió las cuatro fases del pensamiento creativo:

1. La *preparación* o delimitación del problema. En esta fase, la persona siente una necesidad o comprueba una deficiencia y comienza a darle vueltas al problema.
2. La *incubación* es la etapa en la que el creador se aleja del problema y de forma inconsciente va rumiando las ideas hasta que poco a poco éstas se ordenan y en la mente se generan las soluciones inconscientes al problema.
3. La *iluminación* es el momento en el que la solución aflora a la conciencia en forma de intuición (*insight*).
4. La *verificación*, en la que se evalúan y comprueban las soluciones.

En los últimos años, los psicólogos cognitivos han estudiado, sobre todo, lo que ocurre en la mente del individuo durante la fase de incubación. Eysenck[3], que estudió la relación entre la intuición y el inconsciente, cree que la mayor parte del pensamiento funciona de una forma inconsciente. Lo consciente es tan sólo lo que aflora a la conciencia. En la etapa del pensamiento inconsciente, la excitación cortical baja permite utilizar los umbrales asociativos más bajos y los horizontes asociativos más amplios, lo que facilita el descubrimiento creativo. Las asociaciones generan la intuición que aparece conscientemente como algo inesperado. El conocimiento intuitivo, como señala Eysenck no es necesariamente correcto. Igual que el pensamiento lógico, puede ser verdadero o falso y habrá que someterlo a crítica y verificación.

Sternberg y Lubart[4] consideran que los tres aspectos clave para la interpretación de la creatividad son: las capacidades de síntesis, las capacidades de análisis y las capacidades prácticas. La capacidad de síntesis consiste en poder generar ideas nuevas, de alta calidad, y apropiadas a la tarea. Aplicada a la creatividad, ésta implica tres tipos de procesos utilizados en el aprendizaje:

- Los procesos de *codificación selectiva*: son aquellos en los que el sujeto distingue la información relevante de la irrelevante.
- Los procesos de *combinación selectiva*: por medio de los cuales el sujeto combina los trozos *(bits)* de información relevante de manera nueva.
- Los procesos de *comparación selectiva*: a través de ellos el sujeto relaciona de modo novedoso la información antigua con la nueva.

---

[3] Eysenck, H.J. *Genius. The natural history of creativity.* Cambridge University Press: Cambridge, 1995. Citado en Monreal, C. *Qué es la creatividad.* Biblioteca Nueva: Madrid, 2000.

[4] Sternberg, R.J. y Lubart, T.I. *La creatividad en una cultura conformista. Un desafío a las masas.* Paidós: Barcelona, 1997.

La intuición consistiría en la utilización de estrategias rápidas de pensamiento que codifican, combinan y comparan la información para resolver problemas.

LA PERSONALIDAD CREATIVA

La personalidad creativa se caracteriza por la complejidad, el alto nivel de tolerancia a la ambigüedad; el entusiasmo positivo, la ausencia de actitudes críticas y la disposición para el cambio.

Los individuos creativos suelen alcanzar un nivel de inteligencia alto-medio, son originales e imaginativos, poseen sentido del humor, se relacionan bien con los demás, huyen del conformismo y la apatía, evitan la rutina y no son demasiado respetuosos con "las reglas establecidas", las jerarquías o los maestros.

Las personas creativas no temen asumir riesgos, perseveran ante los obstáculos, toleran la incertidumbre y el caos, están abiertos a las nuevas experiencias (fantasías, sentimientos, acciones, ideas, valores…) y confían en sí mismas. Prefieren las formas de comunicación no verbal, son curiosas, sensibles e intuitivas: prestan atención a los nuevos conocimientos y a las disonancias que puedan ocasionar.

A las personas creativas las motivan más los aspectos internos, como el interés, el entretenimiento, o la satisfacción y el reto del trabajo, que las presiones externas. Son independientes en sus valoraciones, buscan afirmarse a través de sus realizaciones y llevan a la práctica sus ideas.

Entre sus habilidades destacan: la fluidez verbal, la habilidad de pensar de manera lógica, la flexibilidad de pensamiento, la independencia de juicio, la aptitud para la toma de decisiones, la facilidad para pensar en metáforas, la posibilidad de visualización interna, la capacidad de trabajar con ideas nuevas y la habilidad para descubrir orden en el caos.

La mente creativa, en suma, se caracteriza por combinar información, percepción, intuición, imaginación, abstracción y síntesis.

LA PERSONA CREATIVA

- Evita la crítica y la autocrítica.
- Es medianamente inteligente.
- Es sensible e intuitiva.
- Es imaginativa.
- Tiene sentido del humor.
- Confía en sí misma.
- Tolera la ambigüedad.
- Siente curiosidad e interés por lo que le rodea.
- No se asusta ante los cambios.
- Acepta asumir riesgos.
- Produce ideas y las lleva a la práctica.

LA CREATIVIDAD EN EL CONTEXTO EDUCATIVO

Existen algunas concepciones erróneas acerca de la creatividad, como por ejemplo aquellas que postulan que para ser creativo hay que poseer un "don" innato o tener un excepcional nivel cultural.

Vigotski, en su obra *Pensamiento y lenguaje*[5], defiende la idea de que la creatividad existe potencialmente en todos los seres humanos y que, por lo tanto, lo único que hay que hacer es desarrollarla. A partir de él, otras investigaciones más recientes han insistido en esta idea y han concluido, en consecuencia, que la creatividad se puede enseñar y aprender.

Nickerson[6] propone una serie de sugerencias para desarrollar la creatividad en los niños. Entre ellas están: el trabajo continuo; la construcción de habilidades básicas —como las habilidades del lenguaje, las habilidades matemáticas y el uso de la imaginación, la solución de problemas, la capacidad de autodirección, etc.—; la adquisición de conocimientos e información específica; la estimulación de la curiosidad (Nickerson habla de fomentar un cierto inconformismo y señala la importancia del desarrollo de la conducta lúdica); la motivación intrínseca o interna de los alumnos; la autoconfianza y la disposición al riesgo, necesarios para evitar que el pensamiento creativo se bloquee; el equilibrio entre la libertad y los límites; etc.

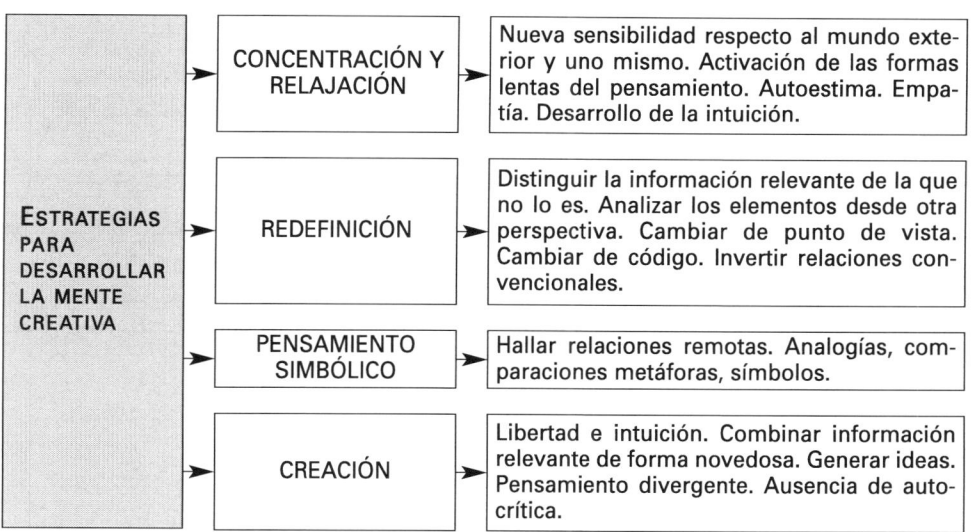

---

[5] Vigotski, S. *Pensamiento y lenguaje*. Paidós: Barcelona, 1995.
[6] Nickerson, R. S. "Enhancing Creativity", en Sternberg, R. J. (ed.). *Handbook of Creativity*. Cambridge: University Press, 1999. Citado en: Monreal, C. *Qué es la creatividad*. Biblioteca nueva: Madrid, 2000.

Sternberg y Lubart[7] han propuesto una serie de actuaciones que favorecerían el desarrollo de la creatividad de los niños y las niñas en el marco escolar, tales como: desvalorizar las notas, introducir la creatividad como contenido del aprendizaje, elogiar los trabajos creativos del alumnado, alentar a los estudiantes a presentar sus trabajos en exposiciones y concursos exteriores, utilizar en la clase una combinación de elementos motivadores de la creatividad, etc.

Francisco Menchén[8], por su parte, ha desarrollado el modelo IOE (Imaginación, Originalidad y Expresión), para desarrollar la creatividad en las aulas. Según su propuesta, el desarrollo de las capacidades creativas de los alumnos se consigue haciendo que estos experimenten su mundo interior a través de tres vías:

- *La vía multisensorial*, que pretende que experimenten y expresen sus sensaciones, sentimientos y emociones, para que sean capaces de explorar y extraer información de todos los sentidos.
- *La vía intelectiva*, que busca estimular tanto el pensamiento convergente como lo que Guilford denomina el *pensamiento divergente*. Para ello el alumno ha de aprender a reconocer y a confiar en su *intuición*, esa percepción interior que dirige nuestra acción, practicando la *escucha interna* que permita oír lo que dice el inconsciente; a desarrollar su *imaginación*, es decir, la capacidad de producir imágenes relacionadas tanto con el mundo exterior como con el universo interno; y a desarrollar la *capacidad de pensar* a través del diálogo con los otros.
- *La vía ecológica,* que tiene como objetivo que los chicos y las chicas se identifiquen y descubran la naturaleza y la cultura de su entorno.

Todos los autores mencionados destacan el importante papel que desempeñan la fantasía y la conducta lúdica en el desarrollo de la creatividad.

Del mismo modo, diferentes investigadores, desde posiciones teóricas distintas, han coincidido en señalar algunos aspectos que entorpecen o impiden completamente el desarrollo de las aptitudes creativas del individuo: crear un ambiente coercitivo que limite la expresión espontánea y libre de las ideas; juzgar constantemente y señalar los errores, fomentando el temor al ridículo; asumir posiciones esquemáticas o estereotipadas; impedir la autorreflexión, la liberación de emociones y la expresión de ideas y sentimientos; poner barreras a la empatía con los otros; así como impedir la confianza, la autenticidad y el respeto a la individualidad.

---

[7] Sternberg, R.J. y Lubart, T.I. Ob. cit.

[8] Menchén Bellón, F. *Descubrir la creatividad. Desaprender para volver a aprender*. Pirámide: Madrid, 1998.

ACTITUDES QUE MATAN LA CREATIVIDAD
• Falta de libertad. • Exceso de crítica y de autocrítica. • Temor al ridículo. • Ideas estereotipadas. • Bloqueo en la expresión de emociones, ideas o sentimientos. • Falta de empatía. • Desconfianza. • Falta de autenticidad. • Falta de respeto.

LOS ENTORNOS CREATIVOS DE APRENDIZAJE

La creatividad depende de la interacción entre el individuo y su entorno. El contexto desempeña un papel de primer orden en el hecho de determinar si las personas hacen o no uso de su potencial creativo.

Son entornos creativos los que favorecen los sentimientos de confianza y apoyo en los individuos; los que fomentan la libertad de acción y de autocontrol; los que permiten la variación de contextos y hacen posible aplicar los "viejos" conocimientos a habilidades nuevas; los que permiten un equilibrio entre desafío y habilidades y aquellos que favorecen un aprendizaje interactivo.

\multicolumn{2}{c}{LA CREATIVIDAD EN EL AULA}	
CREATIVIDAD	TRABAJO 1. Construcción de habilidades básicas 2. Adquisición de conocimientos 3. Aprendizaje interactivo
MOTIVACIÓN INTRÍNSECA: APOYO A LA PERICIA Y AL PROPIO RENDIMIENTO	CONDUCTA LÚDICA 1. Estimulación de la curiosidad 2. Oportunidades de elección y descubrimiento 3. Exploración a través de todos los sentidos 4. Equilibrio entre desafíos y habilidades
FOMENTO DE LA LIBERTAD DE ACCION Y DEL AUTOCONTROL	NUEVAS ACTITUDES 1. Respeto a los métodos de enseñanza 2. En la conducta del profesor 3. En el clima del aula, entre los compañeros

© narcea, s. a. de ediciones

ACTITUDES ANTE LA CREATIVIDAD

En la sociedad actual, los conocimientos humanos se renuevan constantemente, por lo que el desarrollo de la creatividad ha de figurar como uno de los objetivos de la educación. Lo que los jóvenes están hoy aprendiendo en la escuela estará desfasado cuando tengan que ejercer su vida profesional; por tanto, la respuesta positiva ante el cambio y la habilidad para generar ideas, contextos y productos nuevos se perfila como una necesidad esencial en el futuro.

Los niños nacen con un enorme potencial creativo que inhiben a medida que se hacen adultos. Esto se debe a que tanto el sistema educativo como las normas sociales dominantes promueven una reducción de la capacidad imaginativa y favorecen el conformismo y las actitudes dogmáticas.

Generalmente, son muchos los campos laborales en los que se habla de la necesidad de encontrar personas e ideas creativas, pero la experiencia demuestra una y otra vez que la creatividad no es bien recibida. El individuo que propone ideas creativas es considerado como alguien extraño que se atreve a cuestionar todo aquello que los demás consideran *indiscutiblemente cierto*. Así, señalan Sternberg y Lubart[9]: "antes de Copérnico hubiera parecido absurdo hablar de una tierra que giraba alrededor del sol, porque bastaba con alzar la vista al cielo y "ver" que el sol gira alrededor de la tierra".

Es frecuente que los profesores creativos se enfrenten con numerosas dificultades en su trabajo diario, y que los chicos creativos sean considerados alumnos difíciles o problemáticos. Toda metodología basada realmente en los principios de la creatividad suele ser considerada, en la práctica, extraña, cuando no peligrosa: los autores de este trabajo acumulan múltiples experiencias en las que, de forma aparentemente involuntaria, los demás realizan actos que dificultan o directamente boicotean la actividad creativa programada. Esto se debe, entre otras razones, a que trabajar creativamente amplía los márgenes de libertad de las personas. Los individuos creativos suelen mostrar una gran fuerza de carácter, ya que las presiones para que sean conformistas y acepten "las normas establecidas" son muy fuertes.

Pero todo creador, ya sea artista, científico, erudito, escritor, hombre de empresa, etc., es un individuo que sueña y que desea cambiar aquellas parcelas de su realidad que no le satisfacen. Cristóbal Colón "soñó" con América; y Copérnico, con una tierra que se movía. Cuenta la leyenda que Sir Isaac Newton soñó la Ley de Gravitación Universal gracias al hecho de que se le cayó una manzana en la cabeza. Madame Curie soñó el radio, y Alexander Fleming la penicilina. Albert Einstein, autor de la Teoría de la Relatividad y de la Teo-

---

[9] Sternberg, R. J. y Lubart, T. I. *La creatividad en una cultura conformista. Un desafío a las masas*. Paidós: Barcelona, 1997.

ría Cuántica del Efecto Fotoeléctrico, se soñaba a sí mismo, desde muy joven, montado encima de un haz de luz y viajando con ella.

A muchas de estas personas sus contemporáneos las consideraron desequilibradas pero su mirada visionaria y la capacidad para hacer realidad sus ideas, transformaron el mundo en que vivieron e hicieron avanzar a toda la humanidad.

CONSECUENCIAS METODOLÓGICAS

Un análisis de las aportaciones de la creatividad nos ofrece nuevos datos acerca de qué aspectos hay que incorporar a los métodos de enseñanza para que favorezcan realmente estas actitudes creativas:

- ✔ Prestar atención a las actividades que fomenten el trabajo y el estudio, evitando la rutina y favoreciendo el dinamismo y la variedad.

- ✔ Trabajar como contenido de aprendizaje la relación solidaria con el grupo, en un contexto en el que los chicos y chicas puedan interactuar, de forma respetuosa, entre ellos y con su entorno inmediato.

- ✔ Dar entrada en las aulas a situaciones conflictivas que exijan una cierta ruptura. Favorecer la actitud crítica y la toma de decisiones.

- ✔ Establecer actividades que desarrollen la intuición, la imaginación y la fantasía. Fomentar el uso creativo del lenguaje a través de la metáfora y el símbolo. Desarrollar la capacidad de visualización o de "pensar con imágenes".

- ✔ Favorecer una conducta lúdica que amplíe los márgenes de libertad en el aula y que permita aprender con todos los sentidos, y atender a las emociones y a los sentimientos de los alumnos y las alumnas.

7

El aprendizaje como proceso creador

> *"¡Estudia, hombre del asilo!*
> *¡Estudia, hombre en la cárcel!*
> *¡Estudia, mujer en la cocina!*
> *¡Estudia, sexagenario!*
> *Estás llamado a ser un dirigente".*
>
> BERTOLT BRECHT

EL APRENDIZAJE SIGNIFICATIVO

Los últimos estudios psicológicos sobre el proceso de aprendizaje y el funcionamiento de la memoria han impulsado el concepto de aprendizaje significativo, término acuñado por Ausubel en 1963 para definir lo opuesto al aprendizaje repetitivo.

Según Ausubel, el aprendizaje significativo se da "cuando el alumno relaciona los conceptos y les da sentido a partir de la estructura conceptual que ya posee: construye nuevos conocimientos a partir de los que ha adquirido anteriormente porque quiere y está interesado en ello."[1]

Para que el aprendizaje sea significativo debe cumplir varias condiciones:

- *Contenidos significativos*. Los contenidos de aprendizaje deben ser potencialmente significativos, desde el punto de vista de la lógica interna de la disciplina y de la estructura psicológica del alumnado.

---

[1] Ausubel, D.P., Novak, J.D. y Hanesian, H. *Psicología de la educación*. Trillas: México, 1983.

- *Motivación.* En todo proceso de aprendizaje son fundamentales las actitudes de la persona, que dependen de la motivación, pues sin ésta no hay aprendizaje.
- *Ideas previas.* Es importante también que el alumnado sea consciente de las ideas previas que posee respecto al tema de estudio, pues aprender significativamente supone una intensa actividad mental para modificar los propios esquemas de conocimiento. Desde esta perspectiva, el profesor pasa a ser el *facilitador* de los aprendizajes del alumno y para ello debe seleccionar materiales didácticos y formas docentes significativas.
- *Aprender a aprender.* Para que el individuo realice aprendizajes significativos es fundamental el papel que representa la memoria comprensiva, pues "para el niño pequeño pensar significa recordar; sin embargo, para el adolescente recordar significa pensar"[2]. Según esto, la memoria no es sólo el recuerdo de lo aprendido sino la base para realizar nuevos aprendizajes; nos permite poseer esquemas de conocimiento, datos con los que pensar. Cuanto más ricos sean estos esquemas, más cantidad y más riqueza de conexiones podremos establecer con diferentes situaciones y contenidos. Sólo así será más fácil conseguir el objetivo prioritario de la intervención educativa: que los alumnos y las alumnas sean capaces de planificar y regular su propia actividad de aprendizaje; en definitiva, que aprendan a aprender.
- *Ruptura y reconstrucción.* La modificación de los esquemas de conocimiento tiene lugar a través de un proceso que pasa del equilibrio inicial al desequilibrio y a un reequilibrio posterior. El primer paso es romper el equilibrio inicial de los propios esquemas respecto al contenido del aprendizaje. El segundo consiste en lograr el reequilibrio modificando adecuadamente estos esquemas o construyendo otros nuevos.[3]

Si el desfase es demasiado grande, la tarea resultará totalmente ajena y alejada de sus intereses y de sus posibilidades: el alumno no podrá atribuir significado a lo que se le propone, y el proceso se bloqueará. Si esta situación se fuerza, puede desembocar en un aprendizaje puramente repetitivo.

Si el desfase es demasiado pequeño y los contenidos propuestos se interpretan con los esquemas disponibles, el proceso también se bloqueará porque carecerá de interés. En este sentido, la información recibida no debe estar ni excesivamente alejada de su capacidad, ni excesivamente cercana; lo primero produciría desánimo, lo segundo aburrimiento, y ambas situaciones interferirían el proceso de aprendizaje.

---

[2] Vigotski, S. *Psicología y pedagogía.* Akal: Madrid, 1979.
[3] Coll, C. *Psicología y currículum. Una aproximación psicopedagógica al currículo escolar.* Laia: Barcelona, 1987.

EL APRENDIZAJE COMO PROCESO CREADOR

Todo proceso creador está constituido por una secuencia cíclica[4] que pasa por diversas fases. Podemos empezar, por ejemplo, por la obra terminada, lista para mostrar, la que nos complace enseñar pues ya nada en ella se debe corregir ni modificar. Esta obra terminada constituye una configuración, una *gestalt*. Pasado cierto tiempo, el autor de la obra comienza a descubrir que, en realidad, no es tan perfecta, y termina por intuir que, probablemente, ya no haría una obra semejante, aunque todavía no sabe qué es lo que haría. Es el momento de la *disconformidad*.

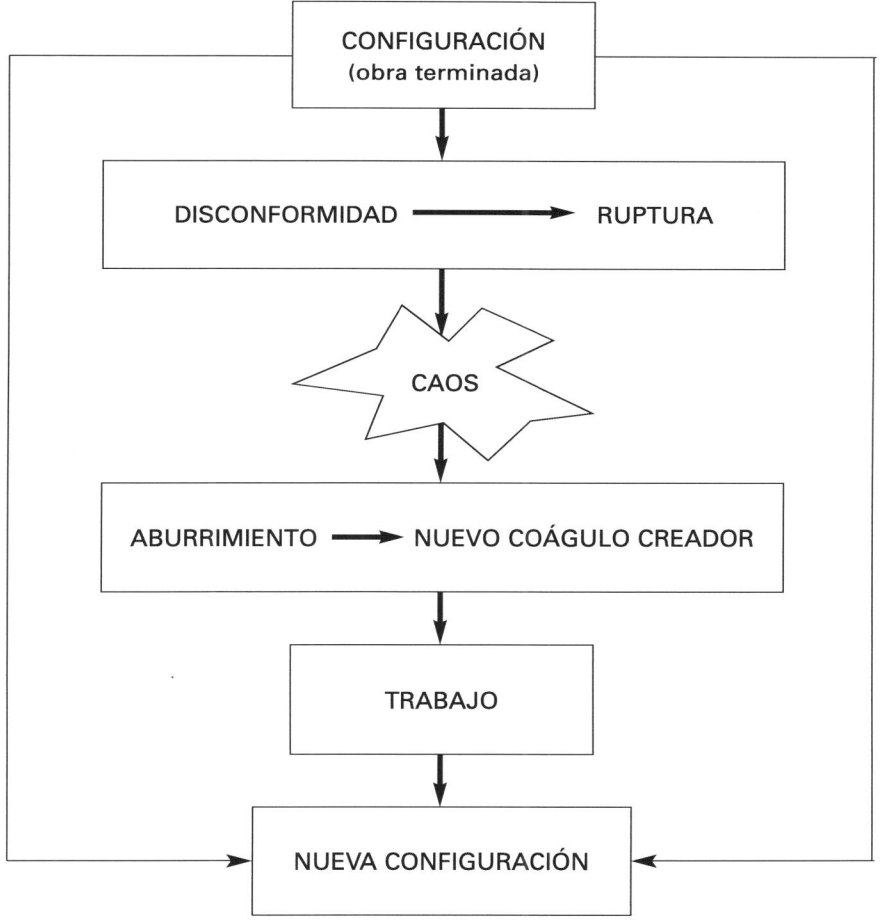

---

[4] "La secuencia cíclica del proceso creador". Síntesis desarrollada por Patricia Mollá y Andy Goldstein. Escuela de Fotografía Creativa. Buenos Aires. Argentina.

Tras un período de tiempo variable, la disconformidad lleva a la *ruptura*. Esa *gestalt* ya no sirve y es necesario romperla. Al hacerlo, el autor entra en confusión, en *caos*, porque ha roto lo viejo, pero no sabe qué es lo que viene a continuación. Éste es un momento crucial: si la persona logra sostener todo el tiempo que haga falta este difícil estado de confusión, se pondrá en camino hacia una nueva creación; si, por el contrario, busca rápidamente aplacar su ansiedad, impedirá que la mente entre en el estado necesario para desarrollar sus propias aptitudes creativas.

Uno de los motivos por lo que resulta tan difícil sostener el caos es porque generalmente viene acompañado o seguido del *aburrimiento*, y aburrirse está mal visto en nuestra sociedad. Pero para desarrollar la nueva configuración es imprescindible atravesar también esta etapa. Sólo el aburrimiento es capaz de generar el vacío necesario para gestar la nueva idea, para que eclosione el *nuevo coágulo creador*. Éste pondrá en marcha una formidable energía que conducirá, tras una etapa de arduo *trabajo*, a la nueva obra de arte, a la *nueva configuración*.

Cuando se concibe el aprendizaje como un proceso creador, algunos elementos que en el modelo de enseñanza tradicional se rechazan o están mal vistos cobran un valor nuevo y ayudan a romper los viejos estereotipos: se pueden, por tanto, reivindicar como educativas realidades tales como la lentitud, los errores, el caos y el aburrimiento, o se puede apreciar el valor del silencio.

El valor de *andar despacio*

La sociedad actual genera y *acentúa* cada vez más la sensación de que apenas hay tiempo para nada. La práctica educativa favorece también en muchos casos esta misma sensación: no hay un minuto que perder.

La fragmentación de tiempos y espacios, la amplitud de los contenidos de las diferentes materias en relación con las horas dedicadas a las mismas en el horario escolar, y la presión institucional y social para que el profesor "termine el programa", están transformando la docencia en otra actividad trepidante más, lo cual, desde nuestro punto de vista, va en contra del propio proceso de aprendizaje.

Nosotros proponemos perderle el miedo a ese "ir despacio" que, en muchas ocasiones, nos permitirá ganar tiempo. Puede ser adecuado comenzar la sesión de clase con un juego; o abordar una tarea utilizando varias estrategias que incidan en la asimilación de un único concepto básico, vertebrador de todo el tema. No hay que olvidar que la escuela es uno de los pocos lugares de reflexión en los que podemos ir despacio y abordar con calma aquellos asuntos que verdaderamente interesan. Estamos, pues, convencidos de que la institución escolar puede y debe oponerse al vértigo impuesto por los nuevos tiempos.

El valor de *el caos*

Los jóvenes tienen derecho a conocer la complejidad del mundo que les rodea, ya que en su entorno se producen continuamente hechos y situaciones que no entienden. Si aceptamos las posibilidades educativas del caos podremos enseñarles a tolerar la incertidumbre y ellos podrán percibir el desorden como una de las fases esenciales de todo proceso creador.

Recordemos aquí una anécdota reciente sucedida en un centro de Educación Secundaria. Era el último día lectivo previo a cinco días de fiesta. La profesora tenía que impartir su clase de literatura de dos a tres de la tarde. Llegó al aula y vio un recinto sucio, con el aire cargado, las mesas, separadas entre sí, ocupaban todo el espacio, pues los chicos y chicas acababan de hacer un examen. Apenas quedaba sitio libre, pero ellos se movían por todos lados y gritaban excitados, preguntando las respuestas del examen, salían y entraban del aula, corrían unos tras otros, algunos se empujaban... Realmente, a pesar de tantos años de experiencia, ella se preguntó cómo iba a poder impartir ese día su clase. En un rincón, en medio de ese desbarajuste, el docente que la había precedido recogía sus papeles. Le preguntó, alarmada: ¿qué pasa aquí? Nada —contestó él sin inmutarse— que acaban de hacer un examen.

El desorden, con su aparente "falta de disciplina", ha sido considerado, tradicionalmente, un elemento muy negativo para la escuela. El docente que no sabía o no quería "imponer su autoridad" y mantener en orden y en silencio su clase era considerado un mal profesor. Esto nos ha llenado de angustia a muchos de nosotros, porque, desgraciadamente, a pesar de que la institución escolar tiene miedo al caos, en la actualidad, cada vez con mayor frecuencia, se producen situaciones caóticas en el desarrollo de la práctica educativa.

Cuando se pretende poner en práctica una metodología activa se producen, inevitablemente, momentos de desorden en el aula. Los alumnos pueden levantarse, mover mesas y sillas, desplazarse, etc. Si se sabe tolerar este desorden y se "da tiempo" a que la situación caótica se desarrolle, ésta se ordenará sola.

A menudo ocurre que es el propio docente el que no puede tolerar la sensación de incertidumbre. En esos momentos tienden a aparecer las reacciones autoritarias, de resultado relativo. Desde nuestro punto de vista, un recurso efectivo ante el caos es "jugar" con lo que está pasando y exagerarlo. Cuando se permite el desarrollo de una acción, y se da tiempo a que ésta se agote, aparece espontáneamente la opuesta.

La jefa de estudios había castigado a unos alumnos por ensuciar el aula y debían limpiarla. Se trataba de que barrieran el suelo y la profesora debía hacer efectiva la sanción; pero quería que, por una vez, fueran los chicos (que eran mayoría en el grupo) y no las chicas, los que barrieran. Ricardo cogió la escoba y Adrián el recogedor, que era de palo largo: el primero se puso a barrer como quien juega al golf, mientras su compañero reía y trataba de atrapar la basura. En ese momento, la primera reacción de la profesora fue enfadarse y amenazarlos con un nuevo castigo... Pero tras unos segundos de duda transformó ese inminente conflicto en algo creativo, dejando que la situación se desarrollara; así, durante uno o dos minutos, los que barrían y los que miraban entraron en una especie de "campeonato de golf". Hubo risas divertidas en medio de una nube de polvo. Poco a poco, los *golfistas* pararon y empezaron a barrer en serio, los demás ayudaron y, al final, la clase quedó razonablemente limpia.

El valor de *el aburrimiento*

En la sociedad del espectáculo está muy mal visto aburrirse. Los modelos circundantes difundidos por la publicidad, las teleseries, etc., insisten en que todos los momentos de la vida han de ser intensos y espectaculares. Es habitual que los padres se llenen de ansiedad cuando los hijos pronuncian el fatídico "me aburro". ¡Es entonces cuando los sientan ante el televisor! Esta angustia ante el aburrimiento se relaciona con ese vivir deprisa y con la necesidad de dar una respuesta instantánea al deseo.

Muchos maestros y profesores creen que "tienen que hacer la clase divertida", y no toleran "que no pase nada". Cuando se proponen ciertas actividades (basadas en el descubrimiento, o en la manipulación), los alumnos pasan inevitablemente por un momento de duda y desconcierto. Su confusión les paraliza y *realmente no hacen nada*. Su actitud es de aparente desmotivación ante la tarea, de aburrimiento. Pero, en realidad, los procesos están sucediendo internamente. Conviene en estos casos poder sostener la situación, para dar tiempo a que el alumno se ponga en marcha y acabe encontrando por sí mismo la solución. Es la propia ansiedad la que lleva al docente a desistir de la tarea, o a dar la clave antes de tiempo, empobreciendo así el proceso de aprendizaje.

En una clase con un alumnado con alto fracaso escolar, la profesora, después de una serie de actividades preparatorias, les propuso confeccionar un mural sobre la Edad Media. El primer día, con la cartulina delante, los chicos y las chicas se pasaron toda la hora sin hacer nada. Alguno escribió el título: EDAD MEDIA. Otros, ni eso. El segundo día de clase, otra vez con la misma cartulina delante, trazaron las líneas que debían dividir en tres el espacio disponible, y algunos, los más lanzados, colorearon el título: EDAD MEDIA.

La docente tuvo que hacer un gran esfuerzo para dominar su ansiedad, pero por fin, al tercer día de clase, todos empezaron a diseñar sus murales, de los cuales, al final, se sintieron muy orgullosos.

El valor de *el silencio*

Todo en la escuela es comunicación; en ella siempre se ha teorizado sobre el valor de la palabra, pero nunca se ha apreciado, con todos sus matices, el verdadero valor del silencio. La palabra *silencio* se ha convertido simplemente en una exclamación, *¡silencio!*, que expresa un deseo o una orden casi nunca cumplida.

El silencio que es urgente rescatar es aquel que sirve para generar un diálogo interior y para ampliar la autoconciencia y la reflexión; ése que desarrolla en el alumnado las actitudes de escucha activa; que ayuda a limpiar de estímulos y ruidos la mente y la prepara para poder percibir otras cosas; ése silencio indispensable para activar las formas más lentas de pensamiento y la mente creativa.

Un silencio respetuoso, emotivo e intenso, puede llegar a transmitir mucha información. El silencio es evocador y ayuda al autodescubrimiento; puede constituir el contrapunto de una frase poética, o de una pieza musical. En ocasiones será una de las reglas de juego impuesta por el profesor para dar entrada a un contexto imaginario que ayude a trabajar la fantasía[5]: porque el silencio creativo es una valiosa herramienta de trabajo.

Más adelante, en otros apartados de este libro, veremos distintas técnicas y estrategias de percepción y concentración que permiten llevar a la clase más ruidosa a un silencio emotivo.

El valor de *el deseo*

La necesidad de una gratificación inmediata, y la hiperestimulación sensorial y emocional que cultivan los medios sonoros y audiovisuales, provocan en los jóvenes una cierta frustración ante la realidad: no tienen paciencia para aceptar el ritmo mucho menos trepidante de la vida cotidiana. Por otra parte, el modelo social dominante considera una estupidez no tomar las cosas que se desean aquí y ahora.

Los relatos tradicionales enseñaban a los jóvenes el gran esfuerzo que supone conseguir lo que se anhela: el héroe protagonista, una vez aceptada su misión, dedicaba mucho tiempo a ella, a veces años, en ocasiones toda una vida. En su camino hacia la meta solía equivocarse; pero volvía a intentarlo con ayuda de su fantasía y su ingenio. Y así se hacía persona. El premio, la gratificación, no llegaba hasta el final, cuando la fuerza de su deseo le había ayudado a superar todas las pruebas. La misma estructura de esos relatos, con su planteamiento, nudo y desenlace, transmite esta idea de que cuesta conseguir lo que se anhela, ya que la parte central, el nudo, es la más extensa.

---

[5] Véase el silencio como una de las reglas del juego en "Sesión de creatividad. Las narraciones tradicionales". (http://quadraquinta.org/materiales-didacticos/cuaderno-de-ejercicios/sesion-creatividad/sesionnarracionestrad.html).

Por el contrario, la sociedad de consumo (recordemos algunos lemas publicitarios como el de "lo quieres, lo tienes") ofrece el modelo de que la solución a cualquier problema hay que hallarla de forma inmediata. Esta gratificación instantánea crea adicción y favorece las actitudes compulsivas; por eso, poder retardar la consecución del deseo es un aprendizaje que seguramente servirá a los jóvenes como herramienta esencial de numerosas situaciones futuras, tanto profesionales como vitales.

La importancia de *la ruptura*

Los seres humanos se aferran al conocimiento adquirido; lo conocido da seguridad, ordena y dota de sentido a la experiencia; lo nuevo, en cambio, produce desconfianza y rechazo: es lo que los psicólogos denominan "resistencia al cambio". Todo crecimiento supone un cambio. Todo nuevo conocimiento es un haz de luz muy potente que ilumina lo que "ya sabíamos a ciencia cierta", poniendo al descubierto sus aristas e imperfecciones, y provocando que algunas certezas comiencen a resquebrajarse. Todo nuevo aprendizaje implica, como ya sabemos, una cierta ruptura interna.

Uno de los pasos más difíciles y críticos del proceso creador es, precisamente, el que permite pasar de la vieja a la nueva configuración; porque es en ese momento en el que ha de producirse la ruptura. Éste es un problema clave que involucra a los alumnos y a los profesores. Continuamente se producen en el aula situaciones que manifiestan la natural resistencia al cambio del ser humano. El alumnado se resiste adoptando actitudes rígidas respecto a la tarea o, incluso, manifestando agresividad hacia el propio profesor. El docente, por su parte, expresa esa misma resistencia cuando añora a aquellos alumnos "que tuvo en otro tiempo" o que "siempre quiso tener". Se hace necesario, pues, llevar a cabo una maniobra creativa que permita romper con esos viejos estereotipos que dificultan una práctica docente ajustada a las necesidades de los alumnos y las alumnas.

Frente a esta actitud de resistencia, las personas altamente creativas se caracterizan por su capacidad de maniobra, por su flexibilidad para modificar esquemas mentales previos y para ver las cosas desde múltiples puntos de vista. "Eso que a ti te parece bacía de barbero me parece a mí el yelmo de Mambrino y a otro le parecerá otra cosa", decía el bueno de don Quijote.

CONSECUENCIAS METODOLÓGICAS

Continuamente, al hablar de los problemas de la educación, hemos aludido a los alumnos, a sus actitudes, a su falta de motivación, etc.; pero a esta altura de nuestra reflexión hemos de insistir en un tema nada fácil de abordar: la necesidad de que también el docente libere sus posibilidades creativas y sea capaz de romper con los viejos estereotipos que lo mantienen anclado a sus modelos de origen.

Pero hacer esta maniobra creativa no es fácil en absoluto. El docente tiene que asumir *el valor de la ruptura* y descartar estructuras internas que empezó a asimilar desde los cinco o seis años, cuando, de niño, ingresó en su escuela.

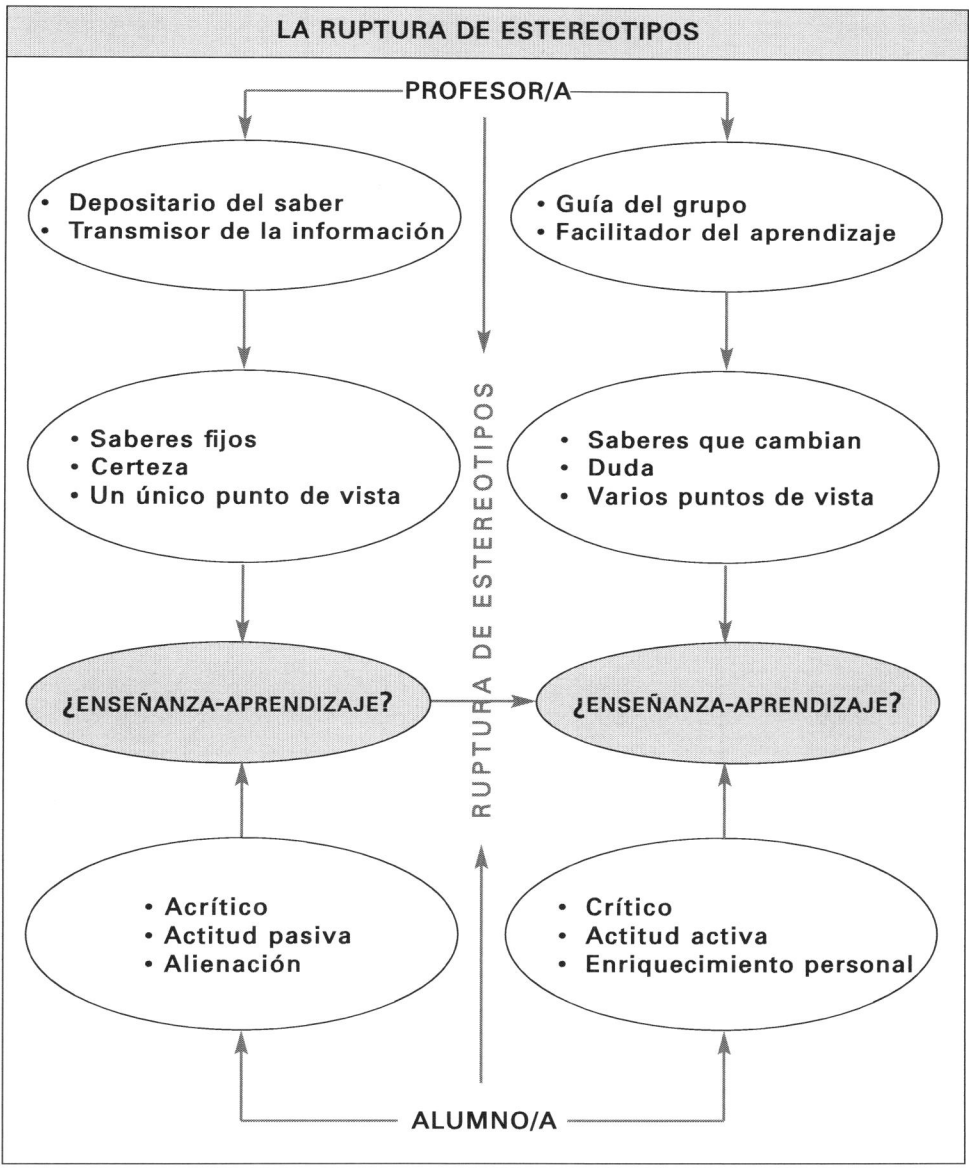

En un taller vivencial reciente, de tres jornadas de duración, que los autores de este trabajo impartieron a un grupo de profesores españoles de lengua y literatura de Enseñanza Secundaria, sucedió la siguiente anécdota que ilustra esta dificultad de romper con el modelo dominante. El primer día, como introducción, se hizo ver a los docentes la necesidad de sustituir la tradicional ordenación de la clase en filas por la disposición en semicírculo, ya que esta *gestalt* se adecuaba más a la propuesta metodológica que se pretendía explicar y poner en práctica. Inmediatamente cambiaron entre todos la disposición del espacio. Al día siguiente, la segunda jornada del curso, y como por arte de magia, las sillas estaban alineadas otra vez y de nuevo los docentes se sentaron en esa disposición. Al recordarles el consejo del día anterior, colocaron las sillas en semicírculo por segunda vez. Pero, al entrar en la sala el último día, la encontramos una vez más perfectamente ordenada en filas. Los docentes, a medida que llegaban se sentaban también en filas. Al volver a recordarles la sugerencia de los días anteriores, se apresuraron, esta vez entre risas, a repetir una vez más la misma maniobra. Esto nos permitió reflexionar más profundamente sobre este asunto esencial, aunque aparentemente sin importancia.

Ante la sugerencia de hacer creativa y creadora su enseñanza, los profesores suelen exponer todo un repertorio de razones que impiden realizar un cambio en este sentido. Las más frecuentes son: se va a alterar la disciplina y el orden en la clase; los alumnos van a hacer demasiado ruido; una vez puestos en movimiento no se los va a poder controlar; se va a perder tiempo, no se podrá cumplir con el programa; la dirección del centro o los compañeros van a criticar o desvalorizar la labor del docente; los alumnos no lo van a tomar en serio; etc.

Nosotros creemos que estas razones son la expresión de ese temor que impide, a las personas en general y a los docentes en particular, poder llevar realmente a cabo ese salto o ruptura que permite liberarse de la pesada carga de la *tradición*, en el sentido de *lo que siempre se ha hecho*. Nuestra experiencia es que, una vez dado ese salto creativo, los docentes recuperan para sí mismos, y promueven también en su alumnado, una actitud más relajada, más alegre y más vital.

III

EL *"MODELO QUADRAQUINTA"* DE CREATIVIDAD Y APRENDIZAJE

8

El *Modelo QuadraQuinta*

> *Mira: a punto estás de penetrar en el bosque.*
> *Vas a dejar la casa blanca de la cima,*
> *tan plácida, tan llena de música y sosiego,*
> *y ahí te espera el bosque impenetrable (...)*
>
> *Allá arriba, en las ramas,*
> *no hay luces que te cieguen si es de día.*
> *Y si fuese de noche,*
> *la negrura más honda la siembran faros ciertos.*
> *Todo lo que está arriba guía siempre.*
>
> Antonio Martínez Sarrión

UNA METODOLOGÍA PARA LAS ÁREAS DE ARTES Y HUMANIDADES Y PARA TODAS LAS EDADES

La reflexión sobre todos los aspectos que hemos abordado en los capítulos precedentes nos ha llevado a diseñar y poner en práctica un modelo metodológico que asienta sus bases en una concepción creativa y activa del aprendizaje. Un modelo basado en el trabajo continuo, que estimule la curiosidad, que tolere la ambigüedad, que permita a los alumnos tomar decisiones, expresarse, equivocarse y aprender de los errores. Un modelo que incorpore el humor y el juego y que revalorice la conducta lúdica, que potencie la percepción, la observación, la sensibilidad; la espontaneidad, la curiosidad y la autonomía. Hemos llamado a nuestra propuesta **Modelo QuadraQuinta,** porque el cuadrado representa lo estático y definido, lo lógico y racional; mientras que el cinco se relaciona con lo dinámico e indefinido, con lo intuitivo e irracional.[1]

Esta metodología ha sido experimentada con jóvenes y adultos durante muchos años en las áreas de artes y humanidades: artes plásticas, artes de representación, lengua y literatura, historia, etc. Las sugerencias que damos a continuación no han de entenderse de forma absoluta: "todos los días dar la clase de esa forma", sino que deben interpretarse como un recurso más con el que enriquecer las actividades docentes.

La forma de trabajar que aquí exponemos no es adecuada, por tanto, para todos y cada uno de los contenidos didácticos. Si los alumnos tienen que memorizar las conjugaciones verbales, *tienen que memorizarlas*; si han de saber analizar sintácticamente una oración, tendrán que analizar muchas oraciones. En cambio, si se trata de estudiar algún tema de historia o la poesía de un autor o de una época, es fácil transmitir estos aprendizajes utilizando los recursos que aquí exponemos.

PRINCIPIOS GENERALES QUE SUSTENTAN ESTA METODOLOGÍA

En el modelo metodológico que proponemos, recogemos la idea de que para enseñar y aprender hemos de emocionarnos, ya que, como ha demostrado la ciencia cognitiva, la emoción ejerce un papel activo y fundamental en la adquisición del conocimiento. Nos parece importante que el conocimiento se viva y experimente para que quede así marcado en instancias más profundas de la personalidad.

La relación entre el profesor y sus alumnos es muy intensa y moviliza muchas emociones. Para que este intercambio se produzca, tanto el uno como los otros han de mantener una actitud abierta y receptiva. Por eso los docentes tendrán que prepararse, y preparar a su vez a los alumnos. Como veremos más adelante, una forma muy fácil de hacerlo consiste en realizar algunas actividades motrices (un breve caldeamiento en el que provocamos una descarga catártica de todas las tensiones corporales y emocionales), y una actividad de relajación y concentración.

Aceptamos como materiales de aprendizaje todas las ayudas pedagógicas posibles: literatura oral, libros de información y de creación, periódicos y revistas, mensajes de los medios de comunicación de masas, recursos de las nuevas tecnologías y de Internet, documentos visuales (dibujos, grabados, etc.), documentos sonoros... El *Modelo QuadraQuinta* busca desarrollar las inteligencias múltiples y por ello considera que tienen cabida en la enseñanza de las áreas tradicionales el movimiento, la música, los juegos verbales, la manipulación de elementos, etc. Nos parece adecuado utilizar, cuando sea

---

[1] Cirlot, J. E. *Diccionario de símbolos*. Madrid: Siruela, 2000.

necesario, los recursos que aportan disciplinas como la psicomotricidad, la dinámica de grupos, el juego, el teatro o las técnicas de relajación.

Intentamos, a través de diferentes estrategias, incorporar tanto la vía racional y lógica como la vía emotiva en la transmisión de los saberes, y plantear tareas secuenciadas en las que los alumnos aprendan utilizando todos sus sentidos; valoramos la fantasía y la imaginación, y pretendemos aprovechar como medio de comunicación y empatía las posibilidades del lenguaje simbólico y la metáfora.

El aprendizaje significativo se puede realizar o *por recepción* —a través de las explicaciones del profesor— o *por descubrimiento*: la comprensión se lleva a cabo poco a poco, en el transcurso de las actividades, a lo largo del proceso. Al final, se descubre la totalidad. El *Modelo QuadraQuinta* trabaja con el segundo tipo. Se procura que en las sesiones de enseñanza-aprendizaje exista un hilo conductor que permita a los alumnos llegar *al centro del laberinto*, a descubrir y asimilar el nuevo conocimiento. Para conseguir esto, es importante programar entre actividad y actividad distintos *entrenamientos* y escoger cuidadosamente el momento en que se da la información teórica. Ésta se da después de que el alumnado haya realizado las actividades a través de las cuales descubrirá o experimentará los aspectos teóricos.

Consideramos que hay que prestar atención a los espacios educativos. La geografía de las aulas de Secundaria está llena de aristas. Todo allí habla de rigidez: las sillas y mesas, el lugar del profesor, las ventanas, la pizarra, las puertas, las luces del techo… Es uno de los espacios menos creativos que existen. Por eso es preciso transformarlo, para dotarlo de flexibilidad e interés. Esto puede hacerse con muy pocos recursos: moviendo los muebles de sitio o haciendo que los que se desplacen sean los alumnos iniciando la sesión con un breve rito o *ceremonia* que indique que ahí, en ese momento, se empieza a hacer algo diferente. Podemos, por ejemplo, adornar el aula con algún elemento simbólico, relacionado con lo que vamos a estudiar ese día; o recurrir a la música de entrada y de cierre.

El *Modelo QuadraQuinta* busca sintonizar con los niños y adolescentes aprovechando las habilidades perceptivas y los gustos que la cultura de los medios de comunicación difunden y promueven en el contexto de convergencia digital en que nos encontramos. Así, al igual que en los mensajes mediáticos, se trabaja con elementos atractivos que consiguen seducir sin manipular; se cuenta con las emociones y se desarrollan los procedimientos de inmersión y distanciamiento para el desarrollo de la capacidad de lectura crítica.

La *inmersión* implica bucear en los mensajes con todos los sentidos, comprometiendo la mente y el cuerpo; sentirlos, experimentarlos, emocionarse ante ellos; transformarlos, estirarlos para aprehender su verdadero significado…; y el *distanciamiento* supone mirarlos desde todos los puntos de vista posibles; entender lo que de verdad esos mensajes están diciendo; valorarlos, contrastarlos con la realidad y con la propia experiencia y adoptar ante ellos una postura personal consecuente con los propios valores.

El *Modelo QuadraQuinta* pretende ejercitar las cuatro estrategias que Guy Claxton considera básicas para desarrollar las *formas más lentas del pensamiento* y desarrollar la intuición y la creatividad.

La primera de estas estrategias, la detección, busca el **desarrollo de la percepción**. Es lo que José Antonio Marina denomina la mirada inteligente. Esta sólo puede ver aquello que está buscando, porque *"toda percepción o conocimiento es una respuesta a una pregunta expresa o tácita"*. Cuando percibimos damos significado a la realidad, por eso, al ampliar la percepción ampliamos los matices del mundo, desvelamos nuevas perspectivas y sembramos nuevos interrogantes.

La segunda se refiere a la ***capacidad de concentración***. La realidad externa se reduce a los significados que una persona puede concebir. Percibir, como hemos visto, es dar significado, pero la puerta de toda percepción es el propio cuerpo. Por eso es fundamental prestarle atención. Al ejercitar la capacidad de concentración, se activa no sólo *la mirada de mirar afuera*, sino con *la de mirar adentro*: los alumnos desarrollan la capacidad de introspección, la conversación con ellos mismos, la autoestima y, poco a poco, empiezan a verbalizar ideas que expresan valores, deseos internos, emociones…; maduran y se serenan; el mundo externo adquiere para ellos muchos más matices a partir de los hallazgos de su interior, pues aprenden a reconocer sus sensaciones, sentimientos y emociones, y empiezan a expresarlos.

Álvaro, un chico de 4º de Educación Secundaria Obligatoria, siempre lloraba de emoción y de alegría cuando su profesora hacía sonar una canción determinada. El resto de sus compañeros y compañeras de clase adoptaba una actitud tierna y comprensiva realmente sorprendente: eran ellos los que pedían una y otra vez a la docente que *pusiera la música que le gusta a Álvaro*. Lo curioso es que Álvaro lloraba todas las veces mientras que los demás sonreían satisfechos porque *era evidente* que éste, mientras dejaba rodar los lagrimones, se sentía muy feliz.

La tercera estrategia consiste en desarrollar la ***sensibilidad poética***. Dice José Antonio Marina que las palabras son un abigarrado conjunto en el que los humanos mezclamos grandes bloques de información con imágenes, valores, ecos y voces. La poesía, la mirada metafórica sobre la realidad, la apelación a los símbolos universales y la creación de símbolos sólo nuestros… todo ello amplía la mirada, abre la mente, plantea interrogantes y despierta la imaginación.

La cuarta de estas estrategias es la ***atención mental*** o dicho de otra forma, la mirada crítica sobre la realidad y sobre nosotros mismos: hacer que los alumnos sean capaces de leer entre líneas, de mirar más allá de las apariencias, de poner en duda las propias convicciones y de descubrir y rectificar sus estereotipos y concepciones erróneas. Para ello nos parece muy importante poner en práctica las distintas estrategias de lectura crítica y de formación en valores a las que nos hemos referido en otra parte de este estudio.

Para favorecer el proceso creador del aprendizaje es importante no criticar ni juzgar: extraordinarios inventos y descubrimientos a lo largo de toda la historia de la humanidad han surgido de intuiciones inexplicables, pensamientos absurdos y descabellados o de sueños extraños. Si el profesor o los propios alumnos, consigo mismo o con los otros compañeros, muestran una actitud crítica sobre lo que están haciendo, no podrán actuar libremente, no darán cauce a todas sus potencialidades. En este modelo metodológico es muy importante ampliar los límites de libertad, crear en el aula un clima de tolerancia propicio para que todas las personas puedan expresarse. Hay que evaluar lo hecho, pero la mirada juzgadora debe limitarse a determinados momentos del proceso.

LOS CUATRO MOMENTOS BÁSICOS

El *Modelo QuadraQuinta*, tomando como base los estudios de algunos pedagogos musicales y la secuencia de juego libre puesta en práctica durante años por Hilda Cañeque en su escuela de Buenos Aires, distingue cuatro momentos básicos en el desarrollo de las sesiones de enseñanza-aprendizaje.

Estos cuatro momentos pueden aplicarse de forma independiente (por ejemplo, durante los cinco primeros minutos de clase, se realiza una breve actividad de motricidad y un ejercicio de concentración), o se pueden trabajar conjuntamente a lo largo de toda una sesión de cincuenta minutos, de o un periodo todavía más extenso: dos horas de duración, por ejemplo.

Así pues, la sesión completa de clase se estructuraría en estas cuatro etapas:

1. *El caldeamiento:* es el primer momento en el que se pide a los alumnos que realicen actividades de motricidad, movimientos sencillos a través de los cuales se produce una descarga catártica de los bloqueos y tensiones.

2. *La relajación*: tras el caldeamiento, se utilizan técnicas de relajación física y mental con la finalidad de que los alumnos destensen el cuerpo, manteniendo despierta, pero tranquila, su mente.

3. *El desarrollo de las actividades.* Una vez que los alumnos han preparado su cuerpo y su mente en las fases de caldeamiento y relajación, es el momento de proponerles una serie de actividades en las que irán descubriendo aquellos conceptos y adquiriendo aquellas habilidades que queremos trabajar ese día en el aula. Ésta es la parte más extensa de la sesión de clase. En ella, las tareas están perfectamente secuenciadas y recorren un camino que va de lo emotivo e irracional, a lo lógico y racional. Poco a poco, se pasa del universo simbólico al referencial, de la fantasía a la realidad, del sentimiento al conocimiento.

4. *La explicación de los contenidos teóricos*. La última fase de la secuencia constituye el acercamiento racional al tema objeto de estudio: se reflexiona sobre lo que los alumnos han ido sintiendo y descubriendo, y se aportan los datos teóricos necesarios para contextualizar y terminar de descubrir todos los contenidos de aprendizaje. Es en esta fase, y nunca antes, cuando se evalúa el proceso, lo conseguido, lo que falta por hacer.

Así, si queremos estudiar, por ejemplo, la Edad Media, podremos recrear en el caldeamiento los gestos de la ceremonia del vasallaje (sin que el alumnado tenga aún noticia de esta ceremonia) y hacerle imaginar, en la relajación, un castillo, un monasterio y la plaza de un pueblo donde actúa un juglar. Al salir de la relajación los chicos y chicas pueden encontrar sobre su mesa una ilustración (un caballero medieval, un fantástico dragón, etc.) que sirve de punto de partida de diferentes actividades en las que realizan un acercamiento intuitivo e irracional a los contenidos de aprendizaje. A partir de ahí se les hará llegar, poco a poco, al conocimiento lógico y racional: al final tendrán una detallada explicación teórica sobre la ceremonia del vasallaje, el feudalismo, los mesteres de juglaría y clerecía, el oficio de los juglares…

En los capítulos sucesivos explicaremos algunas de estas etapas, exponiendo las estrategias adecuadas para llevarlas a cabo, y ampliaremos otros conceptos igualmente importantes.

9

La instalación del contexto imaginario

> *"Volveremos a vernos donde siempre es de día*
> *y los feos son guapos y eternamente jóvenes,*
> *donde los poderosos no abusan de los débiles*
> *y cuelgan de los árboles juguetes y tebeos".*
>
> LUIS ALBERTO DE CUENCA

COMO VENIMOS SEÑALANDO a lo largo de estas páginas, en los capítulos precedentes, el *Modelo QuadraQuinta*, a través de una serie de técnicas muy concretas, trata de llevar a los alumnos a un estado corporal y mental relajado y abierto que les permita activar *las formas lentas de pensamiento*, aquellas que son propias de la intuición y la creatividad.

Se trata de situarlos de forma progresiva en un estado intermedio entre el juego y el trabajo, en el cual la tarea se les presenta como un reto o un desafío.

Eso se consigue mediante la construcción de contextos imaginarios en los que, con la ayuda inestimable del lenguaje simbólico y de la música, se combinan datos de la realidad y de la fantasía.

REALIDAD, FANTASÍA E IMAGINARIO

El desarrollo de las *habilidades creativas* de los alumnos es uno de los objetivos primordiales del *Modelo QuadraQuinta*. Una parte importante de su propuesta consiste en la creación en el aula de contextos imaginarios que favorecen el aprendizaje vivencial de los contenidos. Se trata de transformar el aula, con ayuda de la imaginación y la fantasía, en un *témenos*[1] o espacio lúdico, en un campo imaginario o territorio fronterizo.

El campo de la realidad está supeditado a los datos reales; el de la fantasía es pura quimera. El campo de lo imaginario, en cambio, combina datos de la realidad y de la fantasía para hacer posible la conducta lúdica y el proceso creador en el ser humano.

Cuando hablamos de la imaginación y la fantasía no nos referimos a alucinaciones sobre las que el individuo no tiene control alguno, ni a los sueños románticos desconectados de la realidad, ni a las ideas obsesivas que paralizan, ni a otras formas de dejar vagar la mente en busca de nuevas sensaciones; nos referimos a esa imaginación y esa fantasía que, ancladas en la propia realidad personal y social, permiten al individuo representarse nuevas situaciones futuras, o ponerse en el lugar del otro, o ampliar y profundizar la mirada con que observa el mundo que le rodea.

Cuando hablamos de transformar la realidad del aula en otra cosa, de convertir ese espacio escolar en un "terreno fronterizo", nos estamos refiriendo a un proceso que está planificado, que *sabe adónde va*; un proceso que se basa en la reflexión y en el que se valoran y evalúan los resultados para seleccionar aquellos que permiten a los alumnos avanzar y mejorar en su vida académica y personal.

La transformación de la realidad del aula en *otra cosa* se realiza con la ayuda de la metáfora y el símbolo, pues el lenguaje de lo imaginario es el lenguaje poético. En ese espacio que creamos, se actúa según unas reglas que se asumen libremente, las actividades son retos que se desea superar. Los alumnos se sienten y actúan como héroes que han de cumplir una misión y se miran en un espejo interior que les devuelve una bella imagen de sí mismos.

Una vez que hemos conseguido llevarlos a ese territorio, ponen en juego todas sus capacidades: suelen estar mucho más concentrados, realizan las tareas que se les proponen en mucho menos tiempo y sus trabajos escolares ganan en calidad. Cualquier observador puede darse cuenta de que se sienten felices y es frecuente que verbalicen que durante la sesión de clase se sentían "como en un lugar mágico", o que la clase les ha parecido muy corta.

LA DISTANCIA ÓPTIMA

Para llevar a un grupo de alumnos desde la realidad del aula al campo de lo imaginario sin que se produzcan rupturas, es conveniente unir el dato de la

---

[1] En la Antigua Grecia, un *témenos* (en griego τέμενος, 'recinto') era un terreno delimitado y consagrado a un dios, excluido de usos seculares. Muchos santuarios pequeños consistían sencillamente en un *témenos* con un altar y sin templo. Casi siempre había que someterse a una purificación antes de poder penetrar en él. Por ejemplo, las legiones romanas no podían entrar en Roma sin antes haberse purificado de la sangre derramada.

realidad con el de la fantasía de forma gradual, dando el tiempo necesario. Si no se va lo suficientemente despacio, se puede producir un cortocircuito.

Un ejemplo de lo anterior podría ser la anécdota que sigue. En una de las sesiones de clase, la profesora propuso a sus alumnos, durante el caldeamiento, que caminaran por la clase y se saludasen de las distintas formas en que se saluda la gente. Empezaban saludándose con un gesto de la cabeza, de lejos con el brazo en alto, con un apretón de manos, con un abrazo... estas acciones, pertenecientes al campo de la realidad, no les resultaban extrañas y eran capaces de ejecutarlas sin problema.

Pero el objetivo era que se trasladaran con la imaginación al siglo XV, pues la sesión se refería al *Romancero*. Se trataba de que pasaran de saludarse "como en la vida normal" a "como lo harían árabes del siglo XV que iban a entrar en batalla". Cuando se les hacía la propuesta: *"Ahora debéis saludaros como lo harían unos guerreros árabes españoles, en el siglo XV"*, el dato de la fantasía llegaba tan de golpe que los alumnos, que hasta entonces estaban moviéndose por el aula, se quedaban bloqueados: de pronto, lo que estaban haciendo les parecía ridículo, sentían que eso era ponerse "a hacer teatro", se avergonzaban y se quedaban quietos... Entre los saludos reales (espacio real) y los saludos como árabes del siglo XV que van a entrar en batalla (espacio imaginario) se había producido un cortocircuito.

Por fin la docente entendió lo que ocurría. La solución estaba en introducir entre una petición y otra un *entrenamiento*, de modo que la actividad siguiera la siguiente secuencia:

1. Saludos reales: dar la mano, golpear la espalda, dar un abrazo, besar, etc. (Espacio real).
2. Saludos "como si fueran" astronautas, esquimales, rusos, japoneses, árabes...(Espacio real, pero más exótico: se inicia la incursión en la fantasía a través de las referencias a los filmes históricos o de ciencia ficción).
3. Saludos como árabes del siglo XV que van a entrar en batalla (Espacio imaginario. Juego. Ruptura. Permiso para que las cosas sean *de otra manera*).

De esta forma, los chicos y las chicas se animaban, entre risas, a saludarse como lo harían esos árabes antiguos.[2]

Cuando proponemos a los alumnos una incursión en la fantasía podemos fallar en nuestra tarea si nos quedamos tan cerca de su realidad que no pueden despegarse de ella, o si nuestra propuesta está tan lejos de su campo de experiencia que les suena a algo descabellado o ridículo.

---

[2] La explicación más detallada de esta sesión figura en: http://www.quadraquinta.org/materiales-didacticos/cuaderno-de-ejercicios/animacion-lectura/Animacionlecturayescritura.html. También en *Una propuesta creativa de animación a la lectura y a la escritura*. "Cuadernos de Literatura Infantil y Juvenil" nº 14. Marzo, 2001.

Lo mismo ocurre con la elección de los temas musicales: no pueden estar tan lejos del universo cultural y de la capacidad intelectual del alumnado que éste no pueda apreciarlos; pero tampoco pueden ser demasiado conocidos. Cuando usamos, por ejemplo, la banda sonora de una película de moda, ésta evocará todo el universo narrativo del *film* y, si no lo hemos controlado, interferirá con el contexto imaginario que estamos proponiendo. Por eso nuestra propuesta imaginaria no debe estar *ni tan cerca ni tan lejos*, debe tener en cuenta la distancia óptima en la que los alumnos pueden imaginar realidades propias, proyectadas en otro objeto, que enlaza con la realidad pero que no es real... pues es entonces cuando su experiencia se vuelve mucho más rica y tiene una mayor fuerza emotiva.

10

El poder de las palabras

> *"Todas las aventuras y dramas de la humanización*
> *están reflejadas en el lenguaje,*
> *transmitidas por el lenguaje,*
> *hechas posibles por el lenguaje.*
> *El léxico es, pues,*
> *el mapa del mundo*
> *que el niño va a heredar."*
>
> JOSÉ ANTONIO MARINA

EL SUSTRATO MÍTICO. LA "LITERATURA VIVIDA"

Según Mircea Eliade: "El mito cuenta una historia sagrada; relata un acontecimiento que ha tenido lugar en el tiempo primordial, el tiempo fabuloso de los "comienzos"; narra cómo, gracias a las hazañas de los seres sobrenaturales, "una realidad ha venido a la existencia", y revela modelos ejemplares de todas las actividades humanas significativas: el matrimonio, el trabajo, la educación…»[1]

Los contenidos míticos de las colectividades primitivas perviven en nuestra moderna sociedad de la información y del espectáculo en las producciones de los *mass-media* y en la literatura: Supermán esconde bajo la figura humillante de Clark Kent un héroe de poderes ilimitados; el detective y el asesino de las novelas policíacas representan la lucha entre el bien y el mal.

---

[1] Eliade, M. *Aspectos del mito*. Paidós: Barcelona, 2000.

Los adolescentes, como ya hemos señalado, están familiarizados con los mitos. Han sido y son lectores: han escuchado cuentos y canciones infantiles, leen novelas y ven anuncios publicitarios, dibujos animados, teleseries, filmes... Observando el álbum de fotografías familiar, han escuchado de sus padres las historias "de cuando eran jóvenes y se conocieron", "de cuando eran niños y el abuelo aún vivía..."; historias que reproducen esos *mitos vivos* que actúan sobre los comportamientos, las emociones y las actitudes vitales del ser humano: el mito de los orígenes, el de la creación, el de la Edad de Oro...

Nuestros alumnos y alumnas han experimentado también ciertas formas de rito: su manera de vestir, sus relaciones sociales en grupo, sus actividades de ocio (conciertos, asistencia a discotecas, reuniones para beber o comer...) están intensamente ritualizadas. Los ritos son ceremonias que actualizan los mitos y los hacen presentes. Ese *vivir el mito* a través del rito implica, según Mircea Eliade, una experiencia religiosa: "se deja de existir en el mundo de todos los días, se abandona el tiempo cronológico para acceder al tiempo en el que *algo nuevo, fuerte y significativo se manifiesta plenamente*"; el tiempo de las revelaciones.

Por otra parte, los chicos y chicas, afortunadamente, no han olvidado el juego todavía; entran y salen del campo lúdico constantemente. Los adultos no entendemos las claves y solemos confundir *su* realidad con *su* juego. En ocasiones, al llamar la atención a chicos que se están empujando o que parecen utilizar entre ellos un lenguaje demasiado agresivo, éstos ponen cara de sorpresa y dicen: "pero si es broma, si estamos jugando"...

Los adolescentes necesitan valores, puntos de referencia; necesitan adherirse a ideas, identificarse con otros modelos que no sean los que ofrecen los medios audiovisuales. Pero la transmisión de modelos y valores se basa en lo que se experimenta y se siente y no puede hacerse con un lenguaje analítico y racional, sino con un código simbólico, que sugiera y emocione.

Los docentes nos quejamos de que no podemos competir con los medios de comunicación y nos esforzamos en una lucha desigual, pues hablamos *otro* lenguaje, transmitimos en *otra* frecuencia, utilizamos *otro* código. El corazón de los jóvenes se acelera cuando el héroe se enfrenta a una situación peligrosa, pero ni se inmuta cuando tiene que estudiar la clasificación de los personajes de la novela.

Nosotros creemos que se puede aprovechar este sustrato mítico, ritual y lúdico para enseñar y aprender, tal y como lo ha hecho la humanidad desde tiempos inmemoriales. Consideramos posible abrir las puertas al misterio, dejar volar la fantasía, emocionarse y sentir.

La *literatura vivida* consiste en experimentar lo que otros descubrieron y expresaron a través de la palabra poética, para enriquecer las actividades de enseñanza-aprendizaje y hacer de ellas, tanto para los alumnos como para los docentes, algo emocionante, valioso y verdaderamente significativo. En las fases sucesivas en las que se va proponiendo el contexto imaginario, el docente puede utilizar, como los autores de este trabajo, fragmentos de textos literarios, narrativos o líricos, que, engarzados como un puzzle, trazan el dibujo de una emoción o de un sentimiento. De este modo, los alumnos reproducen esos profundos sentimientos y esas emociones intensas y le dan la forma de pequeñas certezas personales que les ayudarán a entender la complejidad del mundo en el que viven. Las principales herramientas para realizar este trabajo son la palabra poética, el símbolo y la metáfora.

EL LENGUAJE SIMBÓLICO

La humanidad primitiva observó la naturaleza que la rodeaba y se miró a sí misma en ella. Después de clasificar y ordenar las constelaciones, las piedras, los animales, las plantas, etc., según sus cualidades, pasó a explicar, a través de la analogía, las acciones y los hechos humanos. Así nació el pensamiento simbólico, como un intento de entender y explicar el universo.

Esta forma de pensamiento, activo en las sociedades antiguas, se fue perdiendo en todo el mundo occidental a partir del final de la Edad Media. Los hombres olvidaron este lenguaje, aunque sólo en un nivel consciente, ya que éste pervive en el inconsciente y se manifiesta en el arte, en las leyendas y cuentos folclóricos, en la poesía lírica y en los sueños.

Los símbolos son producto de la vida inconsciente del ser humano y poseen un significado trascendente: muestran una tensión hacia lo infinito. Según Cirlot[2], "lo que el mito representa para un pueblo, para una cultura o un momento histórico, la imagen simbólica del sueño, la visión, la fantasía o la expresión lírica lo representa para una vida individual".

Símbolo es "algo que representa otra cosa". Es "un signo cuya presencia evoca otra realidad sugerida o representada por él"[3]. El símbolo representa siempre una realidad que transciende al objeto simbolizante y comporta un sentido oculto y misterioso que apela al fondo irracional del inconsciente.

Para Fromm[4] *el lenguaje del símbolo universal* es la única lengua común que ha producido la especie humana. Este autor distingue tres clases de símbolos: el convencional, el accidental y el universal.

El *símbolo convencional* es el más conocido porque es el que empleamos en el lenguaje diario. Un ejemplo de este tipo de símbolo sería el signo lingüístico: el sonido m-e-s-a y el objeto mesa sólo guardan entre ellos una relación convencional: nos hemos puesto de acuerdo para denominar así a ese objeto.

El *símbolo accidental* consiste en una asociación de carácter personal. Así, por ejemplo, alguien que lo pasó muy mal en una ciudad la relacionará ya

---

[2] Cirlot, J. E. Ob. cit.
[3] Estébanez Calderón, D. *Diccionario de términos literarios*. Alianza: Madrid, 1996.
[4] Fromm, E. *El lenguaje olvidado*. Librería Hachette S.A.: Buenos Aires, 1972.

siempre con un estado de ánimo depresivo. Pero no existe una relación intrínseca entre el símbolo accidental y la realidad que representa. Los símbolos accidentales aparecen frecuentemente en los sueños.

El *símbolo universal*, en cambio, es aquel en el que hay una *relación intrínseca* entre el símbolo y lo que representa: el fuego, por ejemplo, es símbolo de voracidad, de cambio y de permanencia al mismo tiempo, de poder y energía, de gracia y ligereza. Cuando usamos el fuego como símbolo, describimos con él una experiencia caracterizada por los mismos elementos que advertimos en la experiencia sensorial del fuego, una modalidad anímica de energía, ligereza, movimiento, gracia, alegría…

Jung denomina *arquetipos* a los símbolos universales. Los arquetipos son imágenes unidas a emociones; maneras típicas humanas de percibir y reaccionar ante las distintas situaciones de la vida desde tiempos primordiales. Forman parte del *inconsciente colectivo*, se heredan con la estructura cerebral y son anteriores al individuo. Jung los define como unidades de energía que portan significados no racionales capaces de renovar nuestra vida consciente y racional.

CARACTERÍSTICAS DEL SÍMBOLO

En el *Modelo QuadraQuinta* trabajamos con los símbolos universales que han llegado a nosotros a través de la literatura. Todos los seres humanos son capaces de hablar y entender el lenguaje simbólico, ya que éste se basa en unas características mentales y corporales que el hombre comparte con el resto de la humanidad. Sus características esenciales son las siguientes:

- *Se basan en la analogía:* buscan semejanzas entre aquellos objetos cuya situación está en correspondencia con la ocupada por otro objeto análogo, pero perteneciente a un plano diferente de la realidad. Unifican y ordenan el universo en series que se relacionan entre sí.
- *Son multidimensionales:* exponen simultáneamente varios aspectos de la idea que expresan, o varios planos diferentes de la realidad.
- *Son sorprendentes:* porque de forma creativa ponen en relación cosas que aparentemente nada tienen que ver entre sí.
- *Son ambiguos y polisémicos:* expresan algo "indefinible" pero profundamente sentido. Pueden tener muchas interpretaciones diferentes. Sus significados varían según las culturas, los autores y dentro de la obra de un mismo autor.
- *Hablan a la intuición:* los símbolos universales no expresan racionalmente el término simbolizado, sino que hablan a la intuición, a través del lenguaje de las emociones.

- *Son develadores:* nos ayudan a explorar lo desconocido, lo oculto o inefable; nos permiten conocer deseos y conflictos internos.
- *Poseen fuerza mística:* son mediadores entre una realidad sensible o abstracta y su sentido profundo. Proporcionan la sensación de participar de una fuerza supraindividual. Son integradores de la experiencia total del ser humano: psíquica, social, cósmica y religiosa.

LOS SÍMBOLOS EN ACCIÓN

Cuando trabajamos en el aula con la literatura de una forma creativa, estamos activando todo este universo simbólico al que nos referimos y poniendo en acción toda la fuerza emocional, vital y espiritual que el símbolo conlleva. Mencionamos a continuación algunos de los más importantes símbolos universales[5] que podemos *actualizar* y *vivir* a través de la literatura. Sirvan tan sólo de pequeña muestra, teniendo en cuenta que la lista es mucho más extensa:

La idea de "centro" es símbolo de la finalidad absoluta del ser humano. Se refleja en otros temas como el tesoro escondido, el objeto perdido, la empresa imposible, etc., y se relaciona con los valores del amor y el conocimiento. Unido a *la idea del centro* está la del *eje del mundo,* representado por los símbolos del árbol, la escalera, el mástil o la cruz. *El árbol* es el eje vertical que comunica el mundo inferior y el superior, expresión de la vida inagotable en crecimiento. *La escalera* representa el mito de la ascensión espiritual.

El viaje o peregrinación, la travesía o la navegación, son otras imágenes del centro místico que simbolizan el esfuerzo de superación y la conciencia que lo acompaña. Viajar es símbolo de un anhelo nunca saciado. Volar, nadar, correr, soñar, imaginar, son actividades equivalentes al viaje. *El vuelo* se relaciona también con la libertad, con el pensamiento y la imaginación. *El peregrino* es el ser humano, extranjero en su morada terrestre, que busca su origen divino. *Las pruebas* y etapas del viaje son ritos de purificación. En su peregrinar, el viajero puede cruzar lugares misteriosos, como *el bosque,* habitado por demonios y enemigos, espacio peligroso que simboliza el principio materno y femenino, el inconsciente; o puede entrar en una *cueva,* relacionada también con el símbolo del centro, lugar en el que se puede producir lo numinoso.

El castillo puede representar la fuerza espiritual en vigilancia, la mansión del más allá o la puerta de acceso al otro mundo. Si el castillo aparece luminoso en el paraje recorrido por el caminante simboliza la comprensión súbita de una verdad espiritual. Generalmente guarda un *tesoro* (riquezas espirituales), que a veces se esconde en un *cofre,* el cual puede simbolizar, según

---

[5] El significado de todos los símbolos universales que nombramos a continuación está documentado en Cirlot, J. E. *Diccionario de símbolos.* Siruela: Madrid, 2000 y Cooper, J.C. *Diccionario de símbolos.* Gustavo Gili: México, 2000.

los casos, el corazón, el cerebro o el vientre materno. *El templo* es otro símbolo del centro místico. *Los campanarios y las torres* poseen un sentido de escala entre la tierra y el cielo, y esta idea de ascensión conlleva las de transformación y evolución. La torre representa también el cuerpo humano. *Las ventanas* del último piso simbolizan los ojos y el pensamiento. *La casa* se identifica con el cuerpo y la mente humanos; *la habitación* constituye un símbolo de la individualidad.

En la última parte de este trabajo el lector podrá ver cómo se incorporan estos símbolos en el aula de Lengua y Literatura, consultando algunas de las actividades didácticas que se ofrecen como ejemplo.

11

El caldeamiento

"Un instante no tiene tiempo alguno; el tiempo está constituido por el movimiento del instante y los instantes son los límites del tiempo."

LEONARDO DA VINCI

ESA CASA QUE NO HABITAMOS

"En este momento, en el lugar preciso en que usted se encuentra, hay una casa que lleva su nombre. Usted es el único propietario, pero hace mucho tiempo que ha perdido las llaves. Por eso permanece fuera y no conoce más que la fachada. No vive en ella. Esa casa, albergue de sus recuerdos más enterrados, más rechazados, es su cuerpo". Así comienza Thérése de Bertherat uno de sus libros más conocidos[1].

Bertherat parte del símbolo universal del cuerpo-casa para hacernos comprender de forma plástica, cómo durante demasiado tiempo a lo largo de nuestra existencia, vivimos alienados y disociados de nuestra realidad corporal. En el lenguaje de los símbolos universales, los seres humanos concebimos el cuerpo como nuestra casa aquí en la tierra; nuestra morada terrestre. Éste es también nuestro templo, la morada de nuestro espíritu. Para los ascetas y místicos el cuerpo era la cárcel del alma y morir consistía en romper sus cadenas y regresar a la morada eterna.

---

[1] Bertherat, T. *El cuerpo tiene sus razones*. Paidós: Buenos Aires, 2005.

Michel Bernard[2], por su parte, analiza cómo en la sociedad occidental se ha pasado de una cultura que niega el cuerpo a otra que lo exalta. Este pensamiento ha traído consigo un cambio de valoración y de costumbres: la sociedad capitalista ha convertido el cuerpo en un objeto de consumo más y lo ha manipulado, imponiendo unas formas, utilizando para su propio provecho la libido y enajenando al ser humano. De este modo, el cuerpo ha pasado a convertirse en un valor fetiche de nuestra cultura.

Dice Michel Bernard que vivir es experimentar nuestro cuerpo, asumir nuestra condición carnal, experimentar nuestra corporeidad. Y que vivir el cuerpo es también descubrir su servidumbre y, por tanto, reconocer su debilidad, pues es la fuente de todo placer y de todo dolor.

EL MOVIMIENTO ES EDUCATIVO

En el *Modelo QuadraQuinta* introducimos algunos elementos tomados de la psicomotricidad, ya que compartimos con esta disciplina el convencimiento de que el movimiento integra interacciones cognitivas, emocionales y simbólicas y desempeña un papel fundamental en el desarrollo armónico de la personalidad.

La psicomotricidad es una disciplina *educativa/reeducativa/terapéutica*, que actúa sobre la totalidad del ser humano por medio del cuerpo y del movimiento con el fin de contribuir a su desarrollo integral. Su objetivo es el desarrollo de las posibilidades motrices, expresivas y creativas del individuo, cualquiera que sea su edad, siempre a partir del cuerpo.

El esquema corporal es uno de los conceptos básicos de la psicomotricidad. Consiste en la organización de todas las sensaciones relativas al propio cuerpo, en relación con los datos del mundo exterior. Formarse un esquema corporal consiste en incorporar una representación del propio cuerpo, de sus segmentos, de sus límites y de sus posibilidades de acción. Incluye entre otros aspectos, la conciencia de los propios límites en el espacio (morfología); la delimitación de las propias posibilidades motrices y de expresión a través del cuerpo (rapidez, agilidad, actitudes, mímica, etc.), así como la percepción de las diferentes partes de nuestro cuerpo.

Los elementos fundamentales y necesarios para una correcta elaboración del esquema corporal son, según la psicomotricidad: la actividad tónica, el equilibrio y la conciencia corporal. La *actividad tónica* proporciona sensaciones que inciden fundamentalmente en la construcción del esquema corporal y también está estrechamente unida a los procesos de atención, de tal manera que al intervenir sobre el control de la tonicidad intervenimos también sobre el control de los procesos de atención, imprescindibles para cualquier aprendizaje.

---

[2] Bernard, M. *El cuerpo un fenómeno ambivalente*. Paidós: Buenos Aires, 1994.

Pero la tonicidad muscular está también muy relacionada con el campo de las emociones y de la personalidad. Muchas veces, las tensiones psíquicas se expresan en tensiones musculares: al trabajar con la tensión/relajación muscular se provocará un aumento o disminución de la tensión emocional. Para desarrollar el control de la tonicidad se pueden realizar actividades que tiendan a proporcionar el máximo de sensaciones posibles del propio cuerpo, en diversas posiciones (de pie, sentado, reptando, a gatas, tumbado...), en actitudes estáticas o dinámicas (desplazamientos) y con diversos grados de dificultad.

El sentido del equilibrio, o capacidad de orientar correctamente el cuerpo en el espacio, se consigue a través de una ordenada relación entre el esquema corporal y el mundo exterior. Permite a la persona mantener una actividad o un gesto, quedar inmóvil o lanzar su cuerpo en el espacio. Para desarrollar *la conciencia corporal* se han de tener en cuenta: la toma de conciencia del cuerpo como elemento expresivo y vivenciado; la experimentación con el espacio, el tiempo y el movimiento y todas sus combinaciones; el desarrollo de la comunicación intrapersonal, interpersonal, intragrupal e intergrupal y la vivencia de situaciones que favorezcan el autoconocimiento, la percepción, la sensibilización, la desinhibición y la creatividad en un clima de libertad y confianza.

Todo movimiento consciente ayuda a incrementar a su vez la conciencia corporal y la relajación. El prestar atención a estos elementos de la psicomotricidad permite integrar los más diversos aspectos del ser humano, tales como la inteligencia, el aprendizaje, las emociones, los sentimientos, etc.

EL CALDEAMIENTO Y SUS FUNCIONES

El caldeamiento viene a ser la primera fase de la relajación. Consiste en una actividad corporal, a veces muy breve, pero siempre intensa, en la que los alumnos y las alumnas preparan su cuerpo y su mente para comenzar la clase. El caldeamiento y la relajación forman un tándem íntimamente relacionados. Sin un mínimo caldeamiento no es posible realizar una relajación adecuada.

Las funciones del caldeamiento son las siguientes:

- *Indicar la transición entre la actividad anterior* (recreo, otra clase, etc.) y la que se va a realizar a continuación: el caldeamiento prepara al grupo para comenzar la sesión de clase.
- *Llevar a cabo una maniobra de distracción*, entendida ésta como una acción dirigida a transportar al grupo a un espacio fronterizo entre la realidad y la fantasía: a ese espacio lúdico en el que se puede aprender con todas las potencialidades.
- *Facilitar las actividades posteriores de relajación*. El paso del caldeamiento a la relajación resulta natural, lógico y deseado por los propios alumnos.

Debido a la circularidad de las emociones y las sensaciones físicas, cuando el corazón se acelera y la respiración se agita, el cuerpo —no la mente, ni la razón— pide entrar en calma. Debido a la ley de los contrarios es extremadamente fácil pasar de una fase a la otra.
- *Anticipar el contexto imaginario* que se va a proponer ese día. De hecho, las acciones que se sugieren en esta fase casi siempre tienen que ver con el contexto imaginario que pretendemos crear para desarrollar posteriormente los contenidos de aprendizaje. Junto con los datos de la realidad se van introduciendo poco a poco algunos elementos del contexto imaginario.

EFECTOS BENEFICIOSOS DEL CALDEAMIENTO

Esta breve actividad física produce múltiples y variados efectos:

- *Cambia la energía corporal*, desentumece el cuerpo, lo libera de tensiones y lo prepara para la tarea. Moviliza una gran energía que da salida, de forma natural y desproblematizada, a los posibles conflictos y tensiones interiores (catarsis).
- *Prepara la mente para recibir información*, la limpia de preocupaciones e inquietudes. La vacía de ruidos, la deja dispuesta para recibir otras cosas.
- *Aumenta la capacidad de concentración.*
- *Propicia la conducta lúdica*, introduciendo al grupo en el espacio de juego que hayamos preparado para ese día. Da acceso en clase, de forma controlada, al humor, la risa y la fantasía.
- *Facilita las actividades de relajación*, dando cauce al exceso de energía vital de los alumnos. Como ya hemos comentado, en el caldeamiento se produce una descarga catártica: el organismo produce adrenalina, aumenta el riego sanguíneo, se agita el ritmo de la respiración, etc.
- *Desarrolla la inteligencia emocional*, haciendo que los adolescentes aprendan a expresar sus emociones con el cuerpo y sepan distinguir las de los demás en sus expresiones corporales.
- *Aumenta la motivación*, pues el caldeamiento aporta un gran dinamismo a las actividades docentes, haciendo participar a los alumnos en las tareas, no sólo con la mente sino también con el cuerpo.
- *Ayuda a tomar conciencia* tanto del mundo exterior como del mundo interior.
- *Favorece la cohesión del grupo,* pues cada uno de sus integrantes debe darse a sí mismo, en el momento del caldeamiento, ciertos permisos a los que no está habituado, y debe superar ciertas dificultades inesperadas que remiten metafóricamente a los trabajos míticos de los héroes. Al final del proceso, todos los participantes se sienten unidos porque han jugado, reído, disfrutado y han llegado juntos, "sanos y salvos", a su destino.

© narcea, s. a. de ediciones

12

La relajación

> *"Déjame en esta paz que me regalan la silenciosa habitación, las suaves luces, las tenues llamas".*
>
> Antonio Carvajal

LA RELAJACIÓN Y SUS TIPOS

La relajación es un estado corporal y mental contrario a la tensión. Es una experiencia subjetiva de sensación de calma y de baja actividad corporal. La situación mental de una persona relajada se encuentra en un punto intermedio entre la consciencia diurna y la que se tiene durante el sueño.

La búsqueda de la relajación física y mental es una tradición muy antigua en Oriente: los diversos tipos de yoga han buscado llegar a ella a través de la respiración, los ejercicios físicos y la práctica de la meditación. En Occidente, sin embargo, el interés de la ciencia por esta disciplina es relativamente reciente. Fue a partir de 1920 cuando médicos, terapeutas e investigadores empezaron a trabajar sobre ella. Los métodos más conocidos y difundidos son los de Schultz (entrenamiento autógeno) y Jacobson (relajación progresiva). En ellos se basan en mayor o menor grado los métodos y procedimientos de relajación de otros autores más recientes.

A menudo, en el lenguaje coloquial, relajación se confunde con pereza o falta de empuje, pero en realidad es todo lo contrario, pues como vienen demostrando las investigaciones de la ciencia cognitiva, las verdaderas fases creativas del ser humano son los momentos de descanso.

Podemos diferenciar dos tipos de relajación: la *física*, en la que se distensionan todos los músculos del cuerpo, y la *mental*, en la que se utilizan representaciones mentales de objetos o situaciones para llevar a los sujetos a un determinado estado físico o psíquico. En nuestra propuesta didáctica se usan estos dos tipos de relajación. La física ayuda a los alumnos a tomar conciencia del exceso de tensión en los músculos de su cuerpo, y, en su caso, de sensaciones de incomodidad o dolor; la mental desarrolla su imaginación induciendo en la mente ciertas sensaciones y visualizaciones que producen también un bienestar físico.

En caso de usar los dos tipos de relajación, es conveniente empezar siempre por la física y seguir con la mental o psicológica. Esta última nos parece más adecuada cuando queremos proponer un contexto imaginario, favorecer la concentración o trabajar ciertos contenidos tanto conceptuales como actitudinales. En la relajación mental, los alumnos permanecen con un tono corporal bajo, pero su mente está activa, ya que están movilizando capacidades como la intuición, la fantasía y la creatividad.

Hay dos posiciones corporales básicas para relajarse. En la posición horizontal el sujeto está tumbado en el suelo, boca arriba, con las piernas abiertas y los brazos extendidos a lo largo del cuerpo; en la posición sentada, la espalda se apoya en el respaldo de la silla, muy recta. Las piernas están ligeramente abiertas y firmemente apoyadas en el suelo. Las manos deben reposar en las rodillas.

La postura ideal para una buena relajación es la posición horizontal: los alumnos tumbados boca arriba en un suelo acolchado. Esto, sin embargo, es muy difícil de conseguir en las aulas de Secundaria, por lo que utilizaremos la posición sentada: los alumnos, sentados en su silla, con la espalda muy recta, las piernas apoyadas en el suelo y las manos sobre las rodillas. También pueden relajarse recostados sobre los pupitres, aunque en esta postura hay que prestar atención a que el cuello no quede en mala posición, ni la espalda excesivamente encorvada. Para evitarlo se les puede pedir que coloquen sobre las mesas sus mochilas, con el fin de reducir la inclinación de la espalda.

El itinerario que se sigue al recorrer mentalmente el cuerpo para tomar conciencia de él puede tener un doble sentido: de arriba abajo, de la cabeza a los pies; o de abajo a arriba, de los pies a la cabeza. La *pasada por el cuerpo*, como denominamos a este trayecto imaginario, consiste en hacer un repaso rápido por toda la anatomía corporal, agrupando sus zonas de la siguiente forma: cara (músculos de la cara, boca, nariz, ojos, entrecejo), cuero cabelludo, cuello y nuca. Hombros, brazos y manos. Espalda y columna vertebral. Tórax, pecho, estómago. Cintura, vientre y caderas. Muslos, piernas, pies.

Estas actividades deben realizarse con la ayuda de una música adecuada, suave y lenta. La voz del coordinador debe estar en armonía con la música elegida en cuanto a ritmo, tono, cambios de ritmo e intensidad, etc.

Para salir de la relajación hay que hacerlo de forma suave. Los alumnos mueven, en primer lugar, las manos y los pies, y respiran profundamente. A continuación, se giran muy despacio los hombros y el cuello, y estiran los brazos. Finalmente, abrirán los ojos.

EFECTOS BENEFICIOSOS DE LA RELAJACIÓN

Muchos son los beneficios, tanto físicos como psicológicos, atribuidos a la relajación. Entre los efectos físicos se han señalado[1] la mayor resistencia contra las infecciones; la mejora de los dolores provocados por contracciones musculares y la prevención de problemas cardíacos.

Entre los efectos psicológicos hay que señalar que disminuye la ansiedad y la angustia, y sus respuestas orgánicas; mejora la depresión y aumenta la producción de endorfinas (sustancias que poseen propiedades analgésicas, euforizantes y tranquilizantes). Vemos pues que una buena relajación influye en el sistema nervioso central, proporcionando un bienestar físico que prepara al sujeto para recibir sensaciones y emociones a nivel psíquico.

Estas actividades ayudan a tomar conciencia del propio cuerpo, y son un medio fundamental para elevar el nivel de percepción y desarrollar la concentración, la intuición y la creatividad.

LA RELAJACIÓN COMO CONTENIDO EDUCATIVO

Generalmente, ha sido la *Educación Física* el área donde tradicionalmente se han contemplado las actividades de relajación como contenido educativo, destacando su valor como medio para recuperar el equilibrio interno, desarrollar la percepción y la creatividad, la concentración y el autoconocimiento.

En otras áreas optativas como *Canto Coral* o *Taller de Teatro* se define como contenido conceptual y se abordan algunas técnicas básicas; en el resto de las áreas (Lengua Castellana y Literatura, Ciencias Sociales, etc.) no se menciona, pero es evidente que sus efectos positivos son aplicables en todos los casos.

Los adolescentes suelen moverse mucho y reflexionar poco. Su actitud corporal, a pesar de este exceso de actividad, suele ser rígida. A menudo, su estado de ánimo es una mezcla de cansancio, estrés y excitación. Antes de comenzar la sesión de clase, el profesor puede dedicar unos minutos a actividades de relajación y así conseguir en poco tiempo que los alumnos bajen el ritmo corporal y lleguen a un estado mental de atención y concentración que facilite las actividades de enseñanza-aprendizaje.

---

[1] Herrero Lozano, E. *Entrenamiento en relajación creativa*. Herederos del autor: Madrid, 1998.

Como hemos ido viendo en los capítulos anteriores, en el momento de la relajación el profesor puede introducir elementos simbólicos que anticipen algunos conceptos básicos que se van a trabajar en la clase, proponiendo así un acercamiento emotivo al contenido racional. También se pueden trabajar contenidos de educación en valores, tanto en relación con uno mismo (la autoestima, la autoconciencia, la clarificación de valores personales…), como respecto al grupo (actitudes solidarias, respeto a la diferencia, cohesión del grupo, etc.).

ACTITUDES ANTE LA RELAJACIÓN

La relajación es una técnica que necesita de un aprendizaje. Las reacciones de los alumnos y las alumnas ante ella durante los primeros días de clase es una mezcla de sorpresa, extrañeza, nerviosismo y timidez. Una de las cosas que más les cuesta al principio es cerrar los ojos.

Es frecuente que empiecen a rascarse, o necesiten tragar saliva o moverse. A algunos les entra risa: todas estas actitudes no son más que resistencias del cuerpo a la relajación. Lo mejor que puede hacer el profesor ante estas resistencias es ignorarlas: no tiene más que dar la siguiente consigna: "Esto es algo nuevo. Hay personas que tienen facilidad para relajarse y otras que no. Si alguno de vosotros no puede hacer la relajación, no tiene que preocuparse, tan sólo ha de cerrar los ojos, o dejar la mirada baja, como perdida en el tablero de la mesa, y escuchar la música". El resultado es siempre efectivo. En la relajación, la música realiza una parte importante del trabajo.

La experiencia nos ha demostrado que los alumnos más duros y bloqueados cambian totalmente de actitud en el plazo de una o dos semanas. En el caso de los chicos más conflictivos o aquellos que presentan dificultades de aprendizaje, se puede percibir cuándo van a dar un salto cualitativo en su actitud ante el estudio y su rendimiento escolar según evolucionan en su práctica de la relajación.

En la clase de 3ºC había un chico que en su día había sido hiperactivo y ahora era más bien lento y algo torpe. No hablaba apenas, su cara no tenía expresividad, no gesticulaba. Cuando se ponía a escribir sólo podía redactar dos o tres líneas, con una letra ininteligible que cada vez se iba haciendo más pequeña, hasta parecer puntitos negros indescifrables. Sus compañeros no lo aceptaban.

La clase estaba colocada en forma de U y, cuando la profesora hacía con ellos los ejercicios de relajación, les pedía que, al terminar, escucharan la última canción con la mano en el hombro del compañero, "en señal de amistad". Curiosamente la U se interrumpía siempre al lado de este niño y nadie ponía la mano en su hombro, ni él tocaba a nadie. Un día, en plena relajación hubo algo que llamó la atención a la docente, algo en la actitud corporal de este chico que estaba recostado sobre la mesa. Así que en los días siguientes comenzó a prestarle más atención.

Observó que se relacionaba con sus compañeros, que empezaba a participar en los corrillos, a tocarse, a dar empujones… La evolución de este niño durante ese curso en sus relaciones sociales fue espectacular: un día que trabajaba en grupo, uno de sus compañeros se quejaba de su lentitud y le llamaba *"plasta"*: por primera vez, el chico protestó y exigió que los demás respetaran su ritmo de trabajo. Esto hubiera sido imposible al principio del curso.

TÉCNICAS BÁSICAS PARA LA RELAJACIÓN FÍSICA

La técnica básica de la relajación física consiste en los ejercicios de *tensión-relajación*. Se pide a los alumnos que tomen conciencia de la tensión que hay en su cara, empezando por la frente: tienen que elevar las cejas, arrugar la frente y el cuero cabelludo, mantener por unos segundos la tensión y destensar; apretar los ojos y fruncir las cejas; relajar los ojos lentamente y dejar caer las cejas; apretar fuertemente la mandíbula y aflojar; apretar los labios en una sonrisa forzada y soltar; tensar los músculos del cuello y relajar; dejar caer la cabeza hacia delante, para sentir la tensión en la nuca, y aflojar.

Se les pide a continuación que eleven y tensen los hombros y que los relajen; que extiendan los brazos con el codo ligeramente doblado, cierren los puños y los tensen y que, seguidamente, los relajen, bajando suavemente el brazo.

A continuación deben elevar los brazos a la altura de los hombros, con los codos doblados, y echarlos hacia atrás para tensar la espalda y la columna vertebral; poco a poco volverán a la posición original, moviendo ligeramente las paletillas y destensando toda la zona.

Para relajar el tórax, el pecho y el estómago deben aspirar profundamente la mayor cantidad de aire posible, retener la respiración y expulsar el aire suavemente, sintiendo la distensión. Se les pide que imaginen que van a recibir un golpe en el estómago y que contraigan todos los músculos de esa zona para, posteriormente, soltarlos con suavidad.

Después tensarán de una sola vez los glúteos, las caderas, el vientre y la cintura, y destensarán. Por último, se les indica que deben apretar primero la pierna izquierda y luego la derecha hacia el suelo, tensando las nalgas y los muslos, y después aflojar la tensión; y que deben, igualmente, contraer los dedos de los pies y relajar.

TÉCNICAS BÁSICAS PARA LA RELAJACIÓN MENTAL

La relajación mental consiste en pedir a la mente que se concentre para experimentar diferentes sensaciones internas y para visualizar situaciones imaginarias.

Sensaciones internas

Son sensaciones que se experimentan en una o varias partes del cuerpo, como la ausencia o el exceso de peso, el calor o el frescor, la sensación de hormigueo; o la de aumento de volumen, etc. En la relajación mental se puede jugar con las oposiciones duro/blando, caliente/frío, pesado/ingrávido, rígido/flexible, sonidos de fuera/sonidos de dentro (prestar atención a los latidos del corazón, y al ritmo de esos latidos, por ejemplo), etc.

Para dar las consignas hemos de tener en cuenta que cada persona tiene más desarrollado un sentido que otro, por lo que deberemos usar imágenes auditivas, táctiles, visuales, olfativas, cinéticas, etc. Podremos decir, por ejemplo, que se imaginen que su brazo está duro como una roca, o como un sonido seco y cortante; o que está caliente como la arena de la playa, como el viento del verano, como cera que se derrite, etc.

Durante la relajación mental conviene hacer que los alumnos se concentren en *"la mirada de mirar adentro"* y en el ritmo de la respiración. El cerebro funciona normalmente a un ritmo rápido y de poca intensidad: el ritmo beta. Al cerrar los ojos y concentrarse en uno mismo, este ritmo se amplía y se desacelera, tendiendo a aparecer las ondas alfa, propias de la relajación y la meditación. Cuando el ritmo alfa aparece, se incrementan la imaginación, la memoria y la facultad de aprender. Un procedimiento para que el cerebro entre en un ritmo alfa es realizar un movimiento interno con los ojos de modo que con ellos cerrados miremos "hacia arriba y hacia dentro", hacia el entrecejo. A algunas personas les resulta más fácil imaginar un punto luminoso a pocos centímetros de la frente. Esta experiencia de "mirar adentro" favorece la sensación de una profunda calma y bienestar, y predispone a la introspección y al autoconocimiento.

Para tomar conciencia de la propia respiración es interesante jugar con las sensaciones de frío y calor: se pide a los alumnos que sientan cómo el aire entra fresco en sus pulmones y sale cálido.

Visualizaciones imaginarias

Es un paso más en la relajación mental. El coordinador va describiendo situaciones y contextos imaginarios que trasladan a los sujetos bien a un mundo de fantasía o a un universo simbólico. Con la mente los alumnos pueden tocar, oír, caminar, volar, nadar, etc. Podrán verse a sí mismos en situaciones diversas, tanto reales como imaginarias. Podrán descubrir emociones y sentimientos propios y ajenos, desarrollar su fantasía, su imaginación y su creatividad, conocerse mejor a sí mismos, etc.

El profesor coordinador va guiando a los escolares hacia una especie de ensoñación con el fin de que den forma en su mente a un contexto imaginario, campo lúdico o espacio creativo desde el que se pretende partir ese día. Se les propone que interioricen ciertas sensaciones: color, olor, frescor, calor, gusto, movimiento, etc., las cuales se relacionan con distintos mundos imaginarios: un bosque, un viaje al fondo del mar, un vuelo entre las nubes, etc. El contexto de referencia lo constituye, como ya hemos visto, el sustrato simbólico universal de los mitos y leyendas, las narraciones maravillosas, los tópicos literarios, etc.

EL TÁNDEM CALDEAMIENTO-RELAJACIÓN

Quien pone en movimiento el cuerpo, moviliza inmediatamente las emociones. Después de un caldeamiento adecuado y una breve relajación es muy fácil mantener a los alumnos atentos y concentrados en la tarea, ya que no les distraen las tensiones y urgencias del cuerpo. Los autores de este trabajo tenemos múltiples e intensas experiencias de clase en las que hemos podido abordar tareas complejas y explicar temas difíciles con una respuesta óptima por parte del grupo.

Los alumnos de 1º de Bachillerato tenían como tarea del día realizar un comentario de texto sobre "El pastorcico" de San Juan de la Cruz.

EL PASTORCICO

Un pastorcico solo está penando,
ajeno de placer y de contento,
y en su pastora puesto el pensamiento,
y el pecho del amor muy lastimado.

No llora por haberle amor llagado,
que no le pena verse así afligido,
aunque en el corazón está herido;
mas llora por pensar que está olvidado.

Que sólo de pensar que está olvidado
de su bella pastora con gran pena
se deja maltratar en tierra ajena,
el pecho del amor muy lastimado.

Y dice el pastorcico: "¡Ay desdichado
de aquel que de mi amor ha hecho ausencia
y no quiere gozar la mi presencia
y el pecho por su amor muy lastimado!".

Y al cabo de un gran rato, se ha encumbrado
sobre un árbol, do abrió sus brazos bellos,
y muerto se ha quedado asido de ellos,
del pecho del amor muy lastimado.

La secuencia del tándem caldeamiento-relajación fue la siguiente:

ACCIONES	OBJETIVOS
• Andar por la clase, primero a ritmo rápido, después más lentamente.	• Acción física y distracción mental.
• Ir caminando cada vez más lentamente "como si ramas y raíces entorpecieran el paso".	• Acción física y distracción mental. Introducción del primer elemento del imaginario.
• Quedarse detenidos en un sitio, "como si nuestros pies empezaran también a echar raíces, largas y extendidas".	• Desarrollo de la percepción. Introducción del segundo elemento del imaginario.
• "Sentir la savia que sube por las raíces y extender los brazos como si fuéramos un árbol".	• Introducción del tercer elemento del imaginario. Alusión a una de las palabras-clave del poema que se va a comentar: árbol.
• Entornar los ojos, sentir el aire que mueve las ramas-brazos. Percibir que hay otros árboles en la espesura.	• Introducción de otros elementos del imaginario. Alusión al *leit motiv* de la relajación y a una de las palabras-clave del fragmento del Cántico Espiritual que van a escuchar al salir de la relajación.
• Mover los brazos-ramas al viento, en todas direcciones, hacia arriba y hacia abajo, hacia un lado y otro, con un movimiento lentísimo, "como se mueven los árboles".	• Hacer sentir corporalmente, en metáfora y por vía irracional, el símbolo "árbol=cruz" en el que se basa la composición de *El Pastorcico*.

A continuación, la profesora les propuso una relajación cuyo *leit motiv* era la frase "entremos más adentro en la espesura". Los alumnos tenían que imaginar la entrada en un bosque y entrar "siempre más adentro, más adentro, en la espesura". La salida de la relajación estuvo marcada por un fragmento del *Cántico espiritual* musicado por Amancio Prada cuando dice: "Gocémonos, amado,/y vámonos a ver en tu hermosura/el monte y el collado/entremos más adentro en la espesura".

Tras la salida de la relajación, cada alumno tenía sobre su mesa la fotocopia del poema *El pastorcico*. La lectura expresiva fue profundamente emotiva. Las palabras del poema sonaban en toda su intensidad en medio de un silencio casi religioso. Una sensación de energía contenida podía sentirse en el aire y en la propia piel. A muchos nos recorría un escalofrío por la espalda. El comentario fue profundo e intenso y la profesora pudo explicarles sin ninguna dificultad conceptos tan abstractos como lo inefable de la experiencia mística o el fenómeno de la "alegoría disémica".

13

El poder de la música

> *"La música de la naturaleza comprende*
> *la naturaleza de todas las cosas.*
> *Sobre la maravillosa correspondencia de los cielos,*
> *de los elementos y de todas las criaturas*
> *está, pues, en especial, la música humana*
> *que consiste en la armonía del cuerpo humano*
> *o de sus sentidos internos y externos".*
>
> ATHANASIUS KIRCHER

EN UN PRINCIPIO FUE EL SONIDO

En muchos mitos sobre la creación del Universo, el sonido desempeña una función importante. En la antigua Grecia, Orfeo era el cantor por excelencia, el músico y el poeta. Sabía entonar tan bellos cantos que las fieras lo seguían, las plantas se inclinaban ante él y los hombres más ariscos suavizaban el carácter. Con la música de su lira aplacó incluso a los dioses infernales cuando, según la leyenda, bajó a los Infiernos en busca de su amada Eurídice.

Pitágoras se refería a la música como "medicina del alma", y concibió el Universo como un conjunto de armonías y números, proporciones ideales que podían expresarse en una secuencia de sonidos. Los filósofos pitagóricos llamaban "música de las esferas" al sonido, inaudible para el ser humano, que los cuerpos celestes producían en sus movimientos exactos. Este sonido expresaba la armonía matemática del Cosmos.

Esta visión del universo como un gran instrumento musical se prolonga durante toda la Edad Media y hasta el siglo XVII. El astrónomo Kepler (1571-

1628) estableció que los astros emiten un sonido tanto más agudo cuanto más rápido es su movimiento, por lo que defendía la existencia de intervalos musicales bien definidos asociados a los diferentes planetas.

El hombre primitivo atribuía a la música un origen sobrenatural. Muchos ritos y curas mágicas utilizaban el sonido, el ritmo, los cantos y las danzas. Se solían usar como técnicas curativas cantos rítmicos escogidos entre un repertorio tradicional de secuencias melódicas de carácter sagrado. Algunos textos médicos egipcios de 2.600 años de antigüedad hablan de los cánticos para curar la esterilidad, los dolores reumáticos o las picaduras de insectos.

En el Renacimiento se comenzó a estudiar por primera vez los efectos de la música sobre la respiración, la presión sanguínea, la actividad muscular y la digestión. Desde el siglo XVIII hasta nuestros días han proliferado los estudios acerca de los efectos de la música sobre el cuerpo y la mente del ser humano. En los últimos años una nueva disciplina, la *musicoterapia*, la utiliza de forma controlada para "el tratamiento, rehabilitación, educación y adiestramiento de adultos y niños que padecen trastornos físicos, mentales o emocionales"[1]. También tiene como objetivo "abrir, mejorar y restablecer los canales de comunicación entre las personas en un contexto no verbal"[2].

LAS CUALIDADES DEL SONIDO

El sonido es un elemento muy poderoso; puede ser beneficioso —en la medicina moderna, por ejemplo, es posible dirigir un haz de sonido potente y de tono agudo para hacer vibrar los cálculos renales o biliares y romperlos— o perjudicial: los seres vivos pueden morir si se les expone a sonidos por encima de 150 decibelios. Las ondas sonoras entran en el cuerpo haciendo vibrar por simpatía sus células vivas. El alto contenido de agua de los tejidos humanos contribuye a transmitir los sonidos, produciendo algo así como un masaje sonoro a nivel atómico y celular.

Desde la antigüedad hasta nuestros días, la música y el sonido han servido a los seres humanos para acompañarlos en sus actividades más diversas: desde amenizar las tareas del campo, hasta acompañar a los actos religiosos y políticos. Recordemos las canciones de siega, el canto gregoriano, el sonido de los cuencos tibetanos, las marchas militares, la utilización de la música en los espectáculos circenses, etc. En todos los casos se busca poner al oyente en un estado receptivo en el cual, además de poder disfrutar de la música, se sienta conmovido por ella.

En la "tribu moderna", el cine y la publicidad han prestado mucha atención a la banda sonora. En algunos casos se ha hecho un uso subliminal del

---

[1] Alvin, J. *Musicoterapia*. Paidós: Barcelona, 1997.
[2] Loroño, A. "Biomúsica: El cambio y el equilibrio emocional a través de la música", en *Fundamentos de musicoterapia*. Morata: Madrid, 2000.

sonido, como en la película *El exorcista*, que incluía sonidos subliminales del acto sexual, el zumbido de las abejas y el sacrificio de cerdos, entre otros[3]. Recordemos también la utilización de la música de fondo en los grandes almacenes, para fomentar el consumo o para regular la velocidad con que los consumidores deben realizar sus compras, por ejemplo.

La naturaleza de los sonidos que escuchamos, su equilibrio o su desorden, su armonía o inarmonía, su capacidad para emocionarnos o enervarnos, depende de diversos factores. Cada sonido posee una *huella* sonora que viene determinada por los siguientes elementos:

La vibración

El sonido es un tipo de energía cinética: se produce cuando un objeto vibra, es decir, cuando se mueve de un lado a otro. Cada movimiento completo de un lado a otro se denomina *ciclo*. El número de ciclos o vibraciones por segundo se llama *frecuencia*, y la unidad por la que se miden las frecuencias son los *hercios*. Un hercio es una vibración o ciclo por segundo.

Sólo cuando las frecuencias superan los 20 hercios nuestros oídos pueden fundirlas en un continuo sonoro. Por debajo de este valor están lo que llamamos *infrasonidos*. De igual modo, somos incapaces de detectar los *ultrasonidos* o sonidos cuya frecuencia supera los 20.000 hercios. Pero, aunque nuestros oídos no puedan escuchar estas frecuencias, nuestro cuerpo puede sentir sus vibraciones y resonar al unísono con esas energías sonoras.

El sonido se transmite a través del aire comprimiendo y expandiendo las moléculas gaseosas que flotan en él. Esta compresión y expansión hacia fuera —la onda sonora— se representa gráficamente como una línea en forma de ola, que sube y baja regularmente. La longitud de onda consiste en la distancia entre los mismos puntos de dos ondas sonoras sucesivas. Cuanto mayor es la frecuencia, menor es la longitud de onda.

Los sonidos graves tienen un número bajo de vibraciones por segundo, es decir, poseen frecuencias bajas. Los agudos, por el contrario, tienen muchas vibraciones por segundo, o lo que es lo mismo, frecuencias altas.

El número de vibraciones por segundo es un elemento importante para decidir la aplicación terapéutica del sonido. Las frecuencias altas suponen siempre un estímulo nervioso intenso, mientras que las bajas tienen un efecto relajador.

La intensidad

La intensidad es la altura o amplitud de la onda sonora. Se mide en decibelios. El oído humano no es capaz de percibir sonidos inferiores a 20 decibelios. Por encima de los 120 decibelios el sonido produce dolor.

---

[3] García Matilla, E. *Subliminal. Escrito en nuestro cerebro*. Bitácora: Madrid, 1990.

La intensidad del sonido es importante. Una música con un sonido muy intenso produce en sí misma un grado de satisfacción mayor que una música débil; por eso, para crear el clima sonoro, la música debe tener un nivel aceptable.

Un cambio de nivel sonoro es adecuado para acentuar un momento climático y puede tener muchas implicaciones emocionales. No obstante, no conviene abusar de los cambios de intensidad en el sonido.

El timbre

Es la cantidad de armónicos que contiene un sonido. Un armónico es una frecuencia de onda que mantiene una relación especial con otra frecuencia de onda. La frecuencia o nota fundamental tiene superpuestas unas configuraciones de armónicos que están afinados con ella y que produce en nuestros oídos un efecto agradable. Cada instrumento y cada voz posee esta cualidad especial y única.

A veces, asociados al timbre, a la altura o a la tonalidad de una determinada música, pueden aparecer *fotismos*, un caso de sinestesia que consiste en asociar colores a los sonidos. (Algunas personas, al cerrar los ojos y escuchar la música, pueden tener percepciones visuales de diferentes colores).

El ritmo

Es el fluir de la música en el tiempo. Puede ser más o menos dinámico, según el efecto que pretendamos crear. Un ritmo muy rápido y acentuado mueve a la acción y al movimiento; un ritmo lento, en cambio, favorece la relajación; un ritmo repetitivo y fuerte puede enervar o deprimir; en cambio, la repetitición suave y rítmica de una secuencia con un timbre más bien grave permite crear un ambiente ritual de fusión y cohesión con el grupo.

El silencio

El silencio es la ausencia de sonido. A veces, los silencios, por contraste con la música, se cargan de significaciones emocionales, simbólicas o culturales. Una larga pausa entre dos músicas es un medio de unir al grupo que comparte el sentimiento de expectación y emoción ante lo que en ese momento, ahí, está pasando. Pero el silencio absoluto no existe, ya que los seres vivos, por el mero hecho de estarlo producimos sonidos. Un ejercicio interesante es pedir a los alumnos que escuchen sus sonidos internos. Se les pide que con las dos manos se tapen los ojos y con cada uno de sus pulgares los oídos, y que escuchen "los sonidos de dentro". Percibirán un pitido agudo

© narcea, s. a. de ediciones

(su tensión nerviosa) y por debajo, un zumbido grave (el sonido de la circulación sanguínea).

EL SENTIDO DEL OÍDO: LA MEMORIA AUDITIVA

El sentido del oído es más primitivo que el de la vista. El oído humano dispone de 30.000 fibras nerviosas y es capaz de distinguir unas 340.000 frecuencias diferentes. Su sensibilidad es muy superior a la del ojo. El órgano del oído nos permite, además de escuchar los sonidos, ser conscientes de nuestra posición en el espacio y de nuestros movimientos; controla nuestro sentido del equilibro y nuestra capacidad para realizar movimientos coordinados.

El sonido llega a nuestro cerebro a través de este órgano que *oye* todas las señales acústicas, las clasifica y analiza, las compara con la base de datos sonoros que almacena en la memoria, las reconoce e identifica. Todo ello se hace a nivel inconsciente, y sólo aquellas configuraciones sonoras que el subconsciente considera importantes se envían a la atención consciente. Entonces es cuando *oímos*.

El oído está relacionado con la memoria auditiva: el cerebro registra el estímulo sonoro, conserva su recuerdo a corto y a largo plazo y recupera la información en el momento necesario. La memoria auditiva, como la visual, es global más que analítica: conservamos la imagen sonora con todos sus elementos interrelacionados (melodía, ritmo, timbre, intensidad…).

EFECTOS FÍSICOS Y PSICOLÓGICOS DE LA MÚSICA

La música, cuya capacidad comunicadora es más sutil que la de las palabras, "es un lenguaje no verbal, abierto, que permite que el oyente se proyecte en ella, dándole un significado personal, subjetivo, fruto de esa proyección individual"[4]. Posee un poder de evocación superior al de las imágenes: se puede dibujar un paisaje o crear una atmósfera con muy pocos recursos sonoros. Bien utilizada puede tener efectos muy beneficiosos, tanto para el cuerpo como para la mente.

Los efectos físicos de la música se pueden medir con los modernos aparatos técnicos; los psicológicos son más difíciles de cuantificar, pero *realmente* se producen. Entre los primeros cabe destacar la aceleración o ralentización del ritmo cardíaco, los cambios metabólicos debidos a la secreción de diversas hormonas, las alteraciones del ritmo respiratorio, los cambios en el siste-

---

[4] Langer, S. *Philosophy in a new key*. Nueva York: Mentor Books, 1951. Citado por Patricia Martí Augé: "Visión general y teoría de la musicoterapia", en *Fundamentos de Musicoterapia*. Morata: Madrid, 2000.

ma inmunitario, en el tono muscular y en la temperatura basal, la modificación de la actividad neuronal en las zonas del cerebro implicadas en la emoción, etc.

Entre los segundos, se observa su poder para movilizar emociones y evocar sensaciones. Puede traer a la memoria olores y colores e, incluso, modificar el estado de ánimo del oyente. La música ayuda a la expresión de emociones profundas, estimula la atención, la capacidad de concentración, la memoria a corto y largo plazo; mueve a la reflexión, facilita la comunicación verbal, estimulando el uso del lenguaje, y provoca el placer estético.

Desde el punto de vista social, la música fomenta las relaciones entre los miembros del grupo, facilita la cohesión y el sentimiento de pertenencia al mismo, y contribuye al desarrollo de habilidades sociales.

USOS DE LA MÚSICA EN EL AULA

Los jóvenes no son capaces de concebir un mundo sin sonido; por eso la música es nuestra gran aliada en el aula. Todos nosotros, inmersos en la cultura de lo audiovisual, tenemos registrados en la memoria determinados esquemas sonoros unidos a estados emocionales: así se habla de música de amor, de suspense, de miedo...

La *musicoterapia* tiene múltiples aplicaciones en distintos niveles de complejidad.[5] En el aula de Secundaria hacemos un uso limitado de los recursos que esta disciplina nos ofrece, con unos objetivos claros y definidos. Hay que tener en cuenta que el docente que se decide a utilizar la música en su aula no es un musicoterapeuta y que, por otra parte, se trabaja, inicialmente, con jóvenes sanos en los que se desea potenciar todas sus facultades cognitivas y mentales, así como sus habilidades sociales.

Veamos las distintas posibilidades de uso de la música en una sesión de clase:

- *Uso de la música en su función ambiental.* Podemos utilizar un colchón sonoro para crear en el aula una atmósfera propicia para el trabajo personal, en silencio. Podemos usarla en la lectura expresiva de textos para ambientar el mensaje verbal. Así, por ejemplo, podemos recrear sonoramente una época, caracterizar un personaje, situar la narración en unas coordenadas espacio-temporales o cambiar el ritmo del relato.

---

[5] Entre los distintos usos pueden enumerarse: la música de fondo para conseguir un ambiente tranquilo; la simple sesión de escucha precedida de una breve introducción; la evocación por medio de la música de una situación psicotraumática; la *terapia ejecutiva*, en la que los asistentes utilizan la propia voz y distintos instrumentos musicales; la *latromúsica ejecutiva*, terapia en la que se usan, además del sonido, balones, aros e instrumentos de percusión para rehabilitar a niños con problemas mentales o neurológicos, etc. Rodríguez Delgado, M. "Neurofisiología y música". En *Fundamentos de musicoterapia*. Morata: Madrid, 2000.

- *Uso de la música en su función informativa.* A veces, la pieza musical elegida transmite por sí misma toda la información necesaria: esto ocurre cuando escuchamos en clase, por ejemplo, romances o poemas musicados por cantautores, o canciones cuya letra transmite ya el mensaje emocional o los valores que pretendemos trabajar.

- *Uso de la música en su función expresiva.* Nos sirve para crear el clima sonoro necesario para la actividad que nos proponemos realizar. Con una música adecuada podemos adelantar emocionalmente los contenidos de aprendizaje. También podemos transmitir a los alumnos, el tono dominante que deseamos destacar: humorístico, romántico, épico, violento, etc.

- *Uso de la música en su función reflexiva.* Determinadas piezas musicales ayudan a la introspección, fomentan la comunicación y la cohesión de los miembros del grupo, favorecen el reconocimiento y la catarsis de las emociones personales, hacen aflorar en la mente los deseos y anhelos más íntimos. Una música adecuada permite a los alumnos asociar libremente, sentir, emocionarse intensamente, vivir experiencias estéticas y espirituales y sacar de sí mismos lo que llevan dentro, conocido o no. Esto favorece el autoconocimiento, la autoestima y la maduración interna.

- *Uso de la música como elemento facilitador del movimiento.* En el momento del caldeamiento, la música facilita la actividad corporal que pretendemos que realicen los alumnos y sirve para marcar el ritmo del movimiento: si, por ejemplo, queremos que éste sea rápido y enérgico, podemos utilizar una marcha, un ritmo de muñeira o una música de tambores; si, por el contrario, preferimos que sea moderado y rítmico podemos acompañarlo con música celta, tipo balada.

- *Uso de la música para crear contextos imaginarios.* La música es un medio potente para la creación de imágenes internas. Permite olvidarse de *lo real* por un lapso de tiempo y abre la puerta de entrada al territorio imaginario en el que todo adquiere una dimensión diferente. En el momento de la relajación, y con ayuda de la música, los alumnos dan rienda suelta a su fantasía y pueden recrear un determinado contexto imaginario.

- *Uso de la música como elemento de anclaje memorístico.* El hecho de asociar una determinada secuencia musical a un mensaje verbal, hace que el receptor de ese mensaje no sólo ponga en juego todas sus capacidades racionales de comprensión lógica del texto, sino que active también todo su universo emocional. Esto le permite comprender el mensaje de forma global y sintética: con la razón y la emoción. Y esta movilización de emociones que hace posible la música va a facilitar el anclaje memorístico.

- *Uso de la música como elemento evocador y anticipatorio.* Una vez que hemos planteado una situación, la música nos sirve para evocarla, así como para actualizar las sensaciones y emociones asociadas a ella. Contiene el valor poético de la recurrencia: lo que ya ha aparecido, vuelve a aparecer una y otra vez. Esto ayuda al receptor a fijar en la mente y en el cuerpo las experiencias vividas y los conocimientos adquiridos a lo largo de la sesión de clase. Pero la música, igualmente, puede tener un valor anticipatorio: permite al oyente contar con un tiempo para disponerse a la reflexión acerca de lo que se va a exponer a continuación y adelanta, en cierto sentido, las experiencias que siguen.

- *Uso de la música como elemento de encadenamiento y de transición.* La música y su capacidad de crear imágenes sonoras, atmósferas o climas emotivos, nos puede servir para marcar la transición de los distintos momentos en que secuenciamos la clase: marca el comienzo del caldeamiento, la entrada en la relajación, la apertura y el cierre del contexto imaginario, el comienzo de las actividades, el final de la clase…

USOS DE LA MÚSICA EN EL AULA

- Para crear una atmósfera propicia en el trabajo personal
- Para transmitir determinada información
- Para crear un clima sonoro especial
- Para ayudar a la introspección
- Para fomentar la comunicación
- Para mejorar cohesión de los miembros del grupo
- Para facilitar el movimiento
- Para recrear un determinado contexto imaginario
- Como medio de anclaje memorístico
- Como elemento evocador y anticipatorio
- Como elemento de encadenamiento y de transición

Cuando la música se convierte en un recurso metodológico más, el ambiente en el aula se vuelve relajado y alegre. Los alumnos consideran que respecto a ella "tienen algo que decir". Se sienten tranquilos, dominan el modo de comunicación, vía emocional, que la música utiliza. Hablan, preguntan, intercambian opiniones con el profesor. A menudo, al cabo de unas semanas traen sus propios CDs, para compartirlos, y suelen pedir permiso para utilizarlos. (En este caso, hay que dejar bien claro que no todas las piezas musicales son adecuadas para ser utilizadas en las actividades de enseñanza y aprendizaje. Los alumnos han de saber que lo que se hace en clase es algo controlado, con una finalidad; no un puro entretenimiento).

© narcea, s. a. de ediciones

Compartir la música, por último, crea un lazo de unión especial entre el docente y sus alumnos, un modo especial de conexión que resulta tan sorprendente para unos como para otros.

OTROS SONIDOS EN EL AULA

Uno de los efectos inmediatos que produce el uso de la música en la clase es el desarrollo de la capacidad perceptiva de los alumnos y las alumnas. La música en los momentos del caldeamiento y la relajación les ayuda a entrar en un espacio de silencio y a prestar atención a sonidos y ruidos que normalmente pasan inadvertidos en su vida cotidiana.

Por ello, además de la música grabada pueden usarse en la clase otros recursos sonoros como la voz del docente o la de los propios alumnos, algunos instrumentos musicales sencillos y el sonido del ambiente.

La voz del docente

Parece evidente que el docente no puede emitir la voz de la misma forma en el caldeamiento que en la relajación, por ejemplo. Su voz adquiere una gran importancia en el desarrollo de una sesión de clase basada en los principios de la creatividad. Independientemente de sus cualidades vocales de tono, timbre, etc., el profesor ha de poder transmitir con la voz un amplio número de emociones.

Es importante ser conscientes de que todos los matices que nuestra voz expresa hacia fuera son un reflejo del propio estado interno: así, será una voz que exprese confianza si nos sentimos seguros y confiados y será aburrida si nosotros mismos lo estamos. En una actividad de relajación, por ejemplo, si el docente se distrae, el reflejo en su voz de esa falta de conexión interna, hará que los chicos y las chicas no puedan entrar en una relajación más profunda o que salgan del estado relajado en que se encuentran.

Una forma de crear una enorme energía emocional en la clase es la de emitir, en algún preciso momento, una o más notas superpuestas a la música que está sonando: tanto si se reproduce el tono dominante como si se elige alguno de sus armónicos, el momento puede llegar a ser intensamente significativo.

La propia voz de los alumnos

El caldeamiento de una sesión de clase puede limitarse a pedir a los alumnos que, durante uno o dos minutos, emitan determinados sonidos vocales. Es curioso que, con lo que hablan y gritan los chicos y las chicas, les resulte difícil, en un primer momento, realizar estos ejercicios de vocalización. Pero una vez que se lanzan a ello, la actividad es muy catártica y divertida y proporciona efectos físicos muy beneficiosos.

Estos ejercicios producen un automasaje sonoro. Es interesante hacerles notar, pidiéndoles que coloquen una mano sobre el lugar correspondiente, cómo cada nota y cada sonido vibra en una parte diferente del cuerpo.

Las vocalizaciones también favorecen la autoexpresión; de hecho, algunos alumnos con problemas personales o familiares tienen dificultades para realizar estos ejercicios; desarrollan la capacidad lúdica, pues se prestan a improvisaciones que generalmente acaban en risas, y fomentan el sentimiento de pertenencia al grupo.

Algunos ejemplos de vocalizaciones y sus efectos aparecen en la siguiente tabla:

Vocalización	Modo de ejecución	Lugar donde vibra	Efecto
Sonido M	De forma continua, con la boca cerrada.	Cabeza.	Efecto vitalizador, favorece la concentración y el enfoque de la mente.
Sonido I	De forma continua, tono agudo (sol-la-si).	Cabeza y parte superior de la garganta.	Efecto vitalizador, favorece el desarrollo de la percepción, la creatividad y la autoexpresión.
Sonido E	De forma continua, tono medio (fa).	Pecho. Sección media superior del cuerpo.	Favorece la expresión de emociones personales.
Sonido U	Vocalización larga y tranquila. Tono medio (mi).	Sección media del cuerpo.	Armonizador: crea un sentimiento de tranquilidad y calma.
Sonido O	Vocalización larga y tranquila. Tono medio (re).	Sección media inferior del cuerpo.	Produce un efecto de descarga, relajador.
Sonido A	Lentamente, de forma rítmica. Tono medio (do).	Parte inferior del cuerpo.	Produce un efecto de calma y seguridad.
Sílaba A-u-m	Vocalizando cada letra por separado y dando a cada sonido el mismo tiempo.	Partes inferior, media y superior del cuerpo.	Efecto energizante, crea un sentido de totalidad o completamiento.

© narcea, s. a. de ediciones

En general, la forma de la vocalización dependerá del estado de ánimo que pretendamos conseguir. Si los alumnos están tensos será recomendable realizar las vocalizaciones en un volumen bajo, un tono más grave y un ritmo más lento. Si, por el contrario, se muestran tristes, apáticos o desmotivados, convienen las vocalizaciones en volumen más alto, tono más agudo y velocidad más rápida. En cualquier caso, los sonidos no deben ser extremos, sino poseer una cualidad moderada y agradable.

Algunos sencillos instrumentos musicales

En determinados momentos de la clase pueden utilizarse sencillos instrumentos musicales para subrayar alguna situación, enfatizar un determinado momento o marcar la transición de una actividad a otra.

Así, por ejemplo, las *cajitas chinas* son muy útiles para entrar en la relajación[6]; los *cuencos tibetanos* son adecuados para provocar una relajación más profunda; el sonido de los *palos de lluvia*, tocados en el momento en que empiezan a salir de la relajación, aumenta la capacidad de percepción, ayudan a volver a prestar atención al propio cuerpo y crean un momento de expectación en el que se toma conciencia de la pertenencia al grupo.

Pueden usarse también con fines similares los triángulos, las campanitas, los gongs, o los tubos musicales colgantes y cualquier otro elemento que emita un sonido armónico.

Incorporación del sonido ambiente

Resulta sorprendente y emocionante incorporar los ruidos y sonidos propios de la actividad cotidiana de un centro educativo a las actividades de relajación, por ejemplo. El sonido de la lluvia, de las ruedas de los coches sobre el asfalto mojado, la bocina de los coches, las voces que llegan de la calle o de otras aulas, el arrastrar de las mesas y las sillas en el piso de arriba, los pasos en el pasillo… todo ello puede ser utilizado en los momentos de entrada y salida de la relajación[7], pues pretender ignorarlos si están ahí produciría ruido e interferencias que dificultarían la actividad.

---

[6] Véase la actividad de relajación "La flecha de sonido" en la página 132 de este libro.

[7] Véase la actividad de relajación "Sonidos de fuera, sonidos de dentro" en la página 130 de este libro.

IV

APLICACIÓN EN EL AULA: PROPUESTAS PRÁCTICAS

14

La creatividad aplicada en el aula

> *"Ahora, el niño que oyó*
> *la lengua de las hojas*
> *puede decirle a otro*
> *que bajo los ramajes, entreabiertos,*
> *hablan los mundos,*
> *laten los lenguajes."*
>
> ANDRÉS SÁNCHEZ ROBAYNA

VENCER LAS RESISTENCIAS

Cuando empezamos a proponer en clase actividades que desarrollan la conducta lúdica y la creatividad es preciso, no sólo vencer los propios temores y ansiedades, sino superar también las resistencias que los alumnos manifiestan ante aquello que les resulta extraño o novedoso.

No es fácil plantear una relajación el primer día de clase. A los adolescentes les cuesta mucho perder el control de lo de afuera y concentrarse en lo que está pasando por dentro. Esa imposibilidad de introspección se manifiesta en la resistencia a cerrar los ojos. Por eso es preciso comenzar proponiendo ejercicios sencillos de concentración y percepción, con o sin música, en las primeras semanas, para intentar posteriormente tanto la relajación como las otras fases del proceso.

Son indispensables en este caso los entrenamientos o las acciones preparatorias que permitan ir entrando poco a poco en esta nueva forma de trabajo. Esta preparación posibilita que en muy poco tiempo se desinhiban, suelten el cuerpo, pierdan el miedo al contacto, etc.

En este apartado, eminentemente práctico, se proponen diversas estrategias para iniciar esta metodología en el aula. Estas estrategias intentan ofrecer herramientas que han sido probadas con chicos y chicas adolescentes de enseñanza secundaria y con jóvenes que acceden a estudios universitarios.

Los recursos del juego y la creatividad deben tomarse como una estrategia más de la cual puede servirse el docente en las ocasiones que considere oportunas. Así, esta metodología permite, de forma muy flexible, desde programar una actividad puntual, sencilla y de corta duración, hasta combinarlas para dar forma a una sesión completa de creatividad que puede durar toda la hora de clase e incluso un periodo más largo.

ESTRATEGIAS PARA EL DESARROLLO DE LA PERCEPCIÓN Y LA CONCENTRACIÓN

La persona creativa es aquella que presta atención a lo que le rodea, con una actitud curiosa y abierta, y que es capaz de percibir cuándo algún detalle falta o no encaja. Por eso, afinar el nivel de percepción es una de las actividades que ayudan a poner en forma su mente creativa.

EL OÍDO

Ejercicio 1: *Sonidos de fuera*

- Siéntate con la espalda muy recta y con la la mirada perdida, dirigida hacia tu mesa. Presta atención por unos minutos a los sonidos que llegan de la calle. Identifícalos. Haz mentalmente una lista con ellos. Ej: La lluvia, los coches, etc.
- Presta atención ahora a los sonidos que se producen en el interior de la clase: las pisadas del profesor, el roce de las telas de los vestidos, la respiración de los compañeros, etc. Intenta relacionarlos mentalmente con algún color. Por ejemplo, el sonido de las pisadas es rojo; el sonido de la respiración es blanco, etc.
- Con papel y lápiz, escribe una lista con todos los sonidos de la calle que recuerdas. Y otra con todos los sonidos de la clase que has registrado, y los colores con que los has relacionado.
- Escribe un micro-relato en el que aparezcan esos sonidos.

Ejercicio 2: *Sonidos de dentro. El latido*

- En la misma posición, con los ojos cerrados, concéntrate y presta atención a los sonidos de tu propio cuerpo: el roce de tus ropas, el sonido que hace tu garganta al tragar, tu respiración…; intenta escuchar el sonido de tu corazón. Busca tu latido y, cuando lo encuentres, percute suavemente su ritmo con los nudillos sobre tu mesa: es el ritmo de tu latido.

- Expresa ahora con palabras el sonido de tu corazón. Puedes elegir:
  - Una onomatopeya, por ejemplo: Tacum-Tacum.
  - Una comparación, por ejemplo: El sonido de mi corazón es como el sonido de los cascos de un caballo.
  - Una metáfora, por ejemplo: El sonido de mi corazón es un trueno.

Ejercicio 3: *¿Es posible escuchar el silencio?*

- Sentado con la espalda muy recta y la mirada perdida en el tablero de tu mesa, intenta escuchar el silencio. Puedes hacerlo colocando tus pulgares, suavemente, sobre cada uno de los pabellones auditivos y los dedos índice y corazón sobre los párpados, con los ojos cerrados.
- Permanece un rato en esta posición y después contesta:
  - ¿Has podido escuchar el silencio?
  - ¿Has percibido algún zumbido, pitido, o cualquier otra sensación sonora de fondo?
  - ¿Existe el silencio absoluto?

Ejercicio 4: *Escuchar la música*

- Presta atención a la pieza musical que hace sonar tu profesor o profesora. Mientras la escuchas, escribe una breve narración o un poema, dejándote llevar por lo que la música te sugiere.
- Escucha ahora la canción que suena. Presta atención a la letra.
- Escribe los fragmentos de letra que recuerdes. (Los que más te han gustado).
- Complétalos para construir un poema personal.

Ejercicio 5: *Escuchar la propia voz*

- Forma un corro con todos tus compañeros de clase. Colocad la oreja izquierda sobre la espalda de la persona que tenéis a la derecha. Vocalizad el sonido "Ummm". Escuchad y prestad atención a la vibración que recorre todo vuestro cuerpo.
- Sentado, con la espalda muy recta vocaliza sucesivamente diferentes sonidos: mmm, iii, ee, Aum, etc. En distintos tonos, más graves y más agudos.

- Presta atención al lugar del cuerpo en el que vibra. Puedes poner la mano en el vientre, en el pecho o en la garganta para ayudarte a percibir la vibración.
- Escucha en silencio la canción que ha elegido tu profesor: marca el ritmo suavemente con los nudillos sobre tu mesa, tararéala, cántala mirando la letra.
- Lee el poema que te da tu profesora:
    - Como si estuvieras muy triste.
    - Como si estuvieras muy alegre.
    - Como si estuvieras muy enfadado.
    - Como si lo leyera un loro, un gato, un lobo, un ratón...
- Léelo en alto, al unísono, con tus compañeros de clase, primero en tono normal, luego más alto, luego muy bajito. Cambiad sucesivamente de potencia y haced olas con la voz.

Ejercicio 6: *Percutir sonidos*

- Reproducir el ritmo de distintos poemas percutiendo suavemente con los nudillos sobre la mesa.
- Intenta reproducir el ritmo que le darías a: la lluvia, el llanto de un niño, la risa, la tormenta, las olas del mar, etc.

LA VISTA

Ejercicio 7: *Percibir lo que abarca la mirada*

Con la espalda muy recta, mira a un punto fijo en la pared, por delante de ti, sin forzar la postura del cuello.

- Concéntrate en analizar los diferentes rasgos de ese punto fijo que estás mirando.
- Sin dejar de mirar ese punto, presta ahora atención a lo que hay alrededor, hasta donde tu mirada lateral sea capaz de ver. Anota mentalmente todo lo que ves.
- Cambia ahora la posición de los ojos, y fija la mirada en alguno de esos puntos laterales que estabas viendo. Observa ahora como se ve desde esa nueva posición el primer punto que miraste. ¿Has cambiado alguno de sus rasgos? ¿En qué se ve diferente y en qué se ve igual?

– Intenta imaginar cómo verías las cosas de la habitación, si fueras muy bajito o si tu cabeza llegara hasta el techo, o si lo vieras todo en blanco y negro, o si sólo percibieras las líneas rectas, etc.

Ejercicio 8: *Sentir imágenes*

– Observa detenidamente la fotografía que te da tu profesor.
– Escribe cinco palabras clave que la imagen te sugiera.
– Usa esas palabras como base para redactar un breve texto inspirado en la imagen de la foto.
– Imagina ahora al fotógrafo que tomó esa imagen: por qué la tomó, qué le llamó la atención, qué sintió. Redacta un breve texto desde esta nueva perspectiva.
– Imagina cuál de los elementos de la imagen pudo aparecer de forma imprevista en la foto.
– Imagina y completa todo lo que está alrededor del cuadro y no sale en la foto.

El tacto

Ejercicio 9: *Registrar objetos*

– Con los ojos cerrados. Recibe los objetos que te da tu profesor.
– Ve palpándolos, despacio, registrando todas las características que puedes percibir a través del tacto.
– Intenta describirlo y decir qué es, qué color tiene, para qué sirve, etc.

Ejercicio 10: *Reconocer la cara*

– Por parejas, con los ojos cerrados, cada uno toca suavemente, y despacio, la cara del compañero o la compañera y registra cómo la forma de la cara, tan conocida, se transmite de otra manera a través del tacto.
– Anotar en una breve redacción las impresiones recibidas.

El olfato

Ejercicio 11: *Describir olores*

– Cada uno se tapa los ojos con un pañuelo negro y escucha una música relajante durante unos minutos.

© narcea, s. a. de ediciones

- Recibe con la palma de la mano abierta lo que le da el profesor. (El profesor pone en la mano de cada alumno distintas sustancias olorosas; por ejemplo, un pétalo de una flor, una hoja de árbol, salvia o romero fresco, orégano, clavos de olor, etc.).

- Lo huele y registra mentalmente lo que ese olor le sugiere. Imágenes, sensaciones, recuerdos...

- Escribe una breve descripción de ese olor.

ESTRATEGIAS PARA EL DESARROLLO DE LA SENSIBILIDAD POÉTICA

Entre las estrategias para que el alumnado desarrolle su sensibilidad poética podemos mencionar algunas muy sencillas:

- Leer poemas en clase, cada día, en alto de forma expresiva. Tiene especial efecto leerlos en el momento de la relajación, pues la disposición de los alumnos para la escucha es muy diferente.

- Jugar con el lenguaje: experimentar con las rimas, inventar palabras y sus significados, inventar metáforas, construir un poema dadaísta, escribir un poema, etc.[1]

- Seleccionar poemas de distintos autores y elaborar una antología ilustrada personal.

- Leer entre todos un poema, dramatizarlo, representarlo, convertirlo en una noticia, en una obra de teatro, etc.

- Escribir un cuento en cinco minutos.[2]

- Jugar al *oráculo* con un libro de poemas.[3]

- Ejercicios de escritura creativa como: escribir textos personales de diferentes clases a partir de imágenes, música, otros textos, etc.

- Narraciones para compartir.

---

[1] Véase la actividad "Encuentros con la poesía en primaria" en http://www.quadraquinta.org/materiales-didacticos/cuaderno-de-ejercicios/coronas/corona-encuentros/Encuentros-conlapoesia.html

[2] Véase esta actividad en: http://www.quadraquinta.org/materiales-didacticos/cuaderno-de-ejercicios/cinco-minutos/cuentoencincominutos.html

[3] Véanse las normas del juego en: http://www.quadraquinta.org/materiales-didacticos/cuaderno-de-ejercicios/Oraculo/oraculo_juego.html

© narcea, s. a. de ediciones

> **LA CREATIVIDAD EN EL ÁMBITO LINGÜÍSTICO**
>
> ✔ **ESCUCHAR.** Poesías, retahílas, canciones, cuentos, narraciones….
> ✔ **MEMORIZAR Y REPRODUCIR.** Poesías, retahílas, canciones, fragmentos de cuentos y narraciones….
> ✔ **TRASFORMAR PARTES DE TEXTO**
> ✔ **CREAR TEXTOS LITERARIOS**
> ✔ **CREAR IMÁGENES VISUALES A PARTIR DE** ilustraciones, fotografías, narraciones, poemas…
> ✔ **DRAMATIZACIONES CREATIVAS:**
>   – Declamar con distintas entonaciones.
>   – Improvisar frases a partir de palabras.
>   – Improvisar un cuento.
>   – Simular conversaciones.
>   – Simular situaciones.
>   – Imitar la forma de hablar de personajes tipo (tímido, cursi, viejecita, gracioso…).
>   – Imitar cómo hablarían distintos animales.
>   – Dramatizar poemas y canciones.
> ✔ **EL BINOMIO FANTÁSTICO:** a partir de dos palabras crear una nueva y definirla.

ESTRATEGIAS PARA EL DESARROLLO DE LA ATENCIÓN MENTAL

En este apartado son importantes todas las actividades creativas de lectura de textos que ayuden a los jóvenes a desplegar una mirada crítica sobre la realidad. A partir de uno o varios textos, podemos sugerir algunas.

• *La analogía forzada.* Consiste en buscar con la mente abierta todas las asociaciones que el contenido de los textos sugiere. Se trata de comparar algo con otra cosa con la que no tiene nada en común y tratar de producir nuevas conceptualizaciones. Las asociaciones imaginativas y sorprendentes ayudan a ver esa realidad desde perspectivas nuevas, y contribuyen a entender los asuntos que se están analizando.

Para realizar adecuadamente esta técnica hay que tener en cuenta que: a) toda crítica o autocrítica está fuera de lugar; b) toda idea es bienvenida; c) cuantas más ideas seas capaz de expresar, mejor; y d) cualquier analogía es posible.

• *Cambiar de punto de vista,* adoptando constantemente nuevas perspectivas: se puede hacer de diversas formas. Podemos jugar:

- A *invertir los problemas* o mirarlos al revés: cambiar una oración afirmativa en negativa, definir lo que algo *no es*, describir lo que todos los demás *no* están haciendo, cambiar una derrota en victoria o una victoria en derrota, etc.;
- Al *qué pasaría si...*: Ej.: Qué pasaría si... España estuviera desde hace muchos años en una situación económica desastrosa, y los jóvenes se arriesgaran cada día a cruzar el Estrecho de Gibraltar, con destino a las playas del Norte de África, continente rico y próspero.
- A *cambiar de código:* traducir un texto icónico en palabras o viceversa; una narración en una noticia o en una pieza teatral, etc.

• *Desconfiar de las apariencias* y poner en duda las propias convicciones, para descubrir y rectificar las propias concepciones erróneas.

EL CALDEAMIENTO: EJEMPLOS SENCILLOS PARA PONERLO EN PRÁCTICA

Existen numerosos ejercicios estructurados para trabajar con el movimiento en clase. Se puede pedir a los alumnos que se muevan, que anden por la clase, que salten, que se saluden... He aquí algunos:

Caldeamientos en movimiento

- *Recorrer el espacio*. Se trata de caminar por la clase, primero con los ojos cerrados y luego con los ojos abiertos mirándolo todo, tocando todo, olfateando, sintiendo... Hay que probar distintos movimientos corporales como agrandarse lo más posible, achicarse lo más posible, andar lo más despacio o lo más rápido posible, etc.
- *Saludarse*. Consiste en caminar por la clase, ensayando distintos saludos: desde el gesto con la cabeza o la mano, hasta el abrazo.
- *Jugar al "pulpo a la gallega"*. Se realiza en grupos de cuatro o cinco personas. Una de ellas se sitúa en el centro y las restantes alrededor. La del centro es "la gallega", los que la rodean son "el pulpo". Cada vez que el coordinador grita: "¡pulpo a la gallega!" los pulpos tienen que abrazar a la gallega. Sucesivamente cada uno de los miembros del grupo debe ocupar el centro.
- *La rueda*. Una persona se coloca en el centro de cuatro o cinco compañeros más y, con los ojos cerrados, se tira hacia atrás y hacia delante sin temor alguno: sus compañeros cuidan de que no se haga daño.
- *Círculos*. Toda la clase forma un círculo. Se toman de la mano y realizan distintos movimientos: se expanden lo más posible, se juntan lo más posible, se mueven, se balancean, etc.

- *Abanicar el aire.* Se da a los miembros del grupo un papel de periódico con el que tienen que construir un abanico y, seguidamente, se les pide que ayuden a renovar el aire de la habitación que está muy cargado. Tienen que abanicar el aire en todas direcciones y en todos los rincones de la clase, arriba y abajo, todos hacia un lado y hacia otro, formando equipos por zonas, cruzándose, etc. Después se les pide que se abaniquen unos a los otros.

- *Estatuas saltarinas.* Tienen que, sucesivamente, moverse al ritmo de una música alegre y convertirse en estatuas cuando la música se detiene.

Caldeamientos de pie, sin desplazarse por la clase

- *El espejo.* Dos personas, frente a frente, tienen que mirarse y realizar movimientos idénticos como si estuvieran viéndose en un espejo.

- *Amasar el pan.* La clase se divide en dos grupos que se colocan en dos filas indias. Cada persona debe amasar el pan en la espalda del compañero. Luego se dan todos la vuelta para mirar en dirección contraria y siguen amasando el pan.

- *Fabricar espirales.* Este ejercicio se realiza con un fondo musical apropiado. Favorece la concentración: con los ojos cerrados, de pie y sin moverse del sitio, los alumnos han de fabricar espirales con la cabeza, los brazos, las manos, la cintura…

- *Bailar tambores.* Con música de tambores tienen que moverse rítmicamente, sin desplazar los pies del sitio. El movimiento ha de ser lo suficientemente potente para que vibre y se mueva todo el cuerpo, incluidos los brazos.

Caldeamientos sentados, cada uno en su silla

- *Los hermanos siameses.* Sentados de dos en dos juntar los hombros. Se imaginan que son dos hermanos siameses mal avenidos y cada uno quiere ir hacia el lugar que ocupa el otro. Se empujan uno al otro con un hombro.

- *El circuito de fórmula 1.* De dos en dos, se imaginan que van en un coche de carreras. Toman curvas cerradas en un sentido y otro, imitan el ruido del motor y de las ruedas derrapando con la boca. En un momento dado, se cruza una vaca en la pista. A la voz de ¡vaca!, tienen que frenar bruscamente.

EJEMPLOS SENCILLOS DE DIVERSAS FORMAS DE RELAJACIÓN

Cinco ejemplos de relajación mental

He aquí varias propuestas para comenzar las actividades de relajación con alumnos no iniciados en ella. Conviene realizarlas siempre después de haber hecho un caldeamiento muy breve, que sirva de distracción. Han sido puestas en práctica muchas veces en clase con alumnado muy diverso y siempre han dado buenos resultados:

- *Respiración consciente.* Su objetivo es tomar conciencia de la propia respiración. El coordinador va diciendo lo siguiente:

> "Sentado en tu silla, con la espalda muy recta, respira tranquilamente. Observa cómo es tu respiración: agitada o serena, corta o profunda, regular o irregular... Cierra los ojos y concéntrate en el recorrido del aire en tu interior: cómo entra y cómo lo expulsas. Ve haciendo que tu respiración sea cada vez más profunda. Respira tres veces llenando de aire el abdomen y el pecho. Expulsa el aire cada vez, muy despacio. Por último, abre los ojos y mueve los hombros en círculos, hacia atrás".

- *Sonidos de fuera, sonidos de dentro.* Su finalidad es ampliar la percepción, incorporar a la relajación los posibles sonidos que se producen en el aula y en su entorno, así como tomar conciencia de los sonidos corporales internos. El coordinador dice más o menos lo siguiente:

> "Sentado cómodamente en tu silla, con los pies apoyados en el suelo, la espalda muy recta y las manos sobre tus rodillas, cierra los ojos y concéntrate en todos los sonidos y ruidos que llegan de fuera: unos pasos, una puerta que se cierra, el ladrido de un perro a lo lejos... Poco a poco, empieza a prestar atención a los sonidos de dentro... quizás escuches un zumbido grave... o un pitido agudo... o quizás oigas el latido de tu corazón... Lentamente, vuelve a escuchar los sonidos de fuera. Abre los ojos, al mismo tiempo que estiras los brazos hacia delante".

- *Columna de hierro, columna de goma.* Esta relajación ayuda a destensar los músculos de la espalda y sirve para percibir distintas sensaciones internas:

> "Sentado cómodamente en tu silla, con los pies apoyados en el suelo, la espalda muy recta y las manos sobre tus rodillas, cierra los ojos y haz tres respiraciones abdominales profundas. Empieza a respirar más lentamente y concéntrate en tu columna vertebral. Recórrela mentalmente de abajo arriba. Imagina que tiene la dureza y rectitud de una barra de hierro. Imagina que de pronto se fuera convirtiendo en una barra de goma, flexible y blanda. Vuelve a sentir que tu columna es, sucesivamente, de hierro y de goma. Después, lentamente, mueve los hombros hacia atrás y abre los ojos".

- *El casco de minero*. Esta relajación pretende que los alumnos practiquen la "mirada de mirar adentro" y favorece la entrada en una relajación más profunda. Lentamente, el coordinador propone a los alumnos:

    "Sentado en tu silla, con la espalda muy recta y los ojos cerrados, respira tranquilamente. Ve haciendo que tu respiración sea cada vez más profunda. Respira tres veces llenando de aire el abdomen y el pecho. Expulsa el aire cada vez, muy despacio. Imagina que sobre tu cabeza llevas puesto un casco de minero, de esos que tienen una lámpara en la frente. Intenta, sin abrir los ojos, mirar fijamente esa lámpara durante un rato. Cuando lo creas oportuno, abre los ojos y estira los brazos".

- *La biblioteca misteriosa*. Esta sencilla relajación da entrada ya a un sencillo contexto imaginario, basado en el símbolo universal del cuerpo como casa. El coordinador dice así:

    "Sentado en tu silla, con la espalda muy recta, respira tranquilamente. Cierra los ojos, concéntrate en el recorrido del aire en tu interior y ve haciendo que tu respiración sea cada vez más profunda. Imagina que tu cuerpo es una casa, llena de habitaciones. Los pies, las piernas y los muslos son el sótano; las caderas, el vientre y la cintura, la planta baja; el estómago, el pecho y el tórax, el primer piso. La columna vertebral y la espalda son las escaleras que unen todos los aposentos. Los hombros, el cuello y la cabeza forman el último piso. Imagina ahora que en la parte más alta de tu cabeza se levanta una torre que alberga una extraña biblioteca, llena de hermosos libros. Imagina que estás ahí y que tienes un libro entre las manos: siente su tacto y la textura del papel; intenta recordar el olor de sus hojas impregnadas de tinta y de sus viejas tapas de piel. En esa torre, coincidiendo con el centro de tu frente, hay una ventana que se abre a un espacio infinito. Asómate a ella durante unos segundos, antes de abrir suavemente los ojos, mientras giras los hombros hacia atrás y estiras, por fin, los brazos".

Un paso más: la relajación para crear contextos imaginarios

He aquí algunas de las posibilidades que ofrece la relajación para crear contextos imaginarios:

- *El camino del bosque*. Su esquema básico es el siguiente: Se hace una *pasada por el cuerpo* de abajo arriba. Se pide a los alumnos que se sienten muy rectos en su silla, la cual es, en realidad, la de un coche de caballos, guiado por un "cochero que sabe a dónde va"[4]. Juntos van a cruzar el bosque. Allí pueden encontrar cualquier cosa que interese para el desarro-

---

[4] Este cochero representa, simbólicamente, la figura del profesor, guía del grupo, en el que pueden confiar, pues realiza respecto a ellos una función de tutelaje.

llo de la sesión de clase. A lo largo de su travesía experimentarán el frescor del bosque, el olor del bosque, los sonidos y murmullos del bosque, etc.; incluso podrán oír las voces de sus habitantes misteriosos (esta circunstancia permite introducir la recitación de poemas y otros textos). A veces el bosque puede tener, como todos los parajes legendarios, algún maleficio (al cruzarlo se puede perder, por ejemplo, la capacidad del habla[5]) contra el que tendrán que luchar realizando alguna tarea tras salir de la relajación.

- *El tesoro sumergido.* Con esta relajación se trabajan la autoestima y el autoconocimiento. Se hace una *pasada por el cuerpo* de abajo a arriba, dejando para el último lugar el tórax. Una vez en este punto se les hace sentir el latido del corazón y, a continuación, se les pide que se imaginen un tesoro sumergido en el mar: el tesoro que esconde su corazón, el cual tiene ahora la forma de un misterioso cofre. Se les pide que sientan el frescor del agua, el roce resbaloso de las algas; que admiren las formas y los colores extraños de los peces… Por último, se les dice que abran el cofre y miren los tesoros que allí se ocultan, algunos ya los conocían, otros estaban tan escondidos que los descubren hoy por primera vez.

- *Respirando el mundo.* Este ejercicio se basa en la respiración y ayuda a tomar conciencia del propio cuerpo, a desarrollar la percepción y a reconocer sensaciones y emociones. Se hacen tres respiraciones abdominales profundas. A continuación se realiza la *pasada por el cuerpo* deteniéndonos en cada parte para, en cada respiración, aspirar el mundo. Así, cuando estemos en los pies y las piernas, les pediremos que respiren profundamente como si pudieran introducir en su cuerpo *"todos los pasos, todos los caminos del mundo"*; en las caderas, vientre y cintura, *"todos los cambios de rumbo del mundo"*; en el tórax y el corazón, *"todos los sentimientos del mundo"*; en la columna y la espalda *"todo el peso del mundo"*; en los hombros, brazos y manos, *"todos los abrazos y caricias del mundo"*; en los oídos, *todos los sonidos del mundo*; en la boca, *"todos los sabores"*; en los ojos, *"toda la luz y todos los colores del mundo"*; por último, en la frente, *"todas las ideas y todos los pensamientos del mundo"*. A continuación se les pide que abran una ventana que tienen en el centro de su frente y que desde allí contemplen el espacio infinito.

- *La flecha de sonido.* Con este ejercicio se consigue una gran concentración y conciencia del cuerpo. Se hace una *pasada por el cuerpo*, con ayuda de algún sencillo instrumento musical que emita una nota aguda y reso-

---

[5] Calvino, I. *El camino de los destinos cruzados.* Siruela: Madrid, 1999.

nante (unos crótalos pueden servir). Se pide a los alumnos que se concentren y dirijan mentalmente el sonido, como si fuera un rayo láser, a los distintos lugares del cuerpo que se van nombrando: *"ponemos el sonido en los pies"*… (y se hacen sonar los crótalos); *"ponemos el sonido en las piernas"*…(y se hacen sonar los crótalos); *"lo ponemos en los muslos, el vientre, la cintura"*, etc. (se van haciendo sonar sucesivamente los crótalos).

- *Los caminos del viento.* Esta relajación es muy emotiva y favorece el sentimiento de pertenencia al grupo. Se hace una *pasada por el cuerpo* y se deja para el final la columna vertebral. A partir de ahí se les sugiere la imagen de la columna como una escala que permite subir a las habitaciones más altas de su cuerpo. También, por un pasadizo secreto, se puede seguir subiendo, mucho más arriba, mucho más arriba, hasta el país de los vientos. Allí pueden volar, recorrer caminos de aire y mirar con otra mirada las cosas. Desde allí ven su casa, se ven a ellos mismos, relajados, y a los compañeros que en ese momento les rodean. Y todo desde allí se ve de "otra manera".

Referencias bibliográficas

AGUILAR CARRASCO, P. *Manual del telespectador inteligente*. Fundamentos: Madrid, 1996.
AIZENCANG, N. *Jugar, aprender y enseñar. Relaciones que potencian los aprendizajes escolares*. Manantial: Buenos Aires, 2005.
ALONSO, M. y MATILLA, L. *Imágenes en acción. Análisis y práctica de la expresión audiovisual en la escuela activa*. Akal: Madrid, 1990.
ÁLVAREZ, J. T. *Historia y modelos de las comunicaciones en el siglo XX: el nuevo orden informativo*. Ariel: Barcelona, 1987.
ALVIN, J. *Musicoterapia*. Paidós: Barcelona, 1997.
ANTUNES, C. *Manual de técnicas de dinámica de grupos, de sensibilización y lúdico-pedagógicas*. Lumen: Buenos Aires, 1989.
ARMSTRONG, T. *Las inteligencias múltiples en el aula*. Manantial: Buenos Aires, 1999.
AUSUBEL, D.P., NOVAK, J.D. y HANESIAN, H. *Psicología de la educación*. Trillas: México, 1983.
BACUS, A. y ROMAIN, C. *Creatividad. Cómo desarrollarla*. Paidós: Barcelona, 1992.
BALLY, G. *El juego como expresión de libertad*. FCE: México,1992.
BENEZON, R. O. *La nueva musicoterapia*. Lumen: Buenos Aires, 1998.
— *Musicoterapia. De la teoría a la práctica*. Paidós: Barcelona, 2002.
BENITO MORALES, F. "La educación documental: Un nuevo contexto pedagógico para el desarrollo de las habilidades lectoras". En *Lectura, Educación y Bibliotecas: ideas para crear buenos lectores*. Anabad: Murcia, 1994.
BERNARD, M. *El cuerpo: un fenómeno ambivalente*. Paidós: Buenos Aires, 1994.
BERTHERAT, T. *El cuerpo tiene sus razones: autocura y antigimnasia*. Paidós: Buenos Aires, 2005.
BETÉS DE TORO, M. (Comp.) *Fundamentos de musicoterapia*. Morata: Madrid, 2000.
BOUSOÑO, C. *Teoría de la expresión poética*. Gredos: Madrid, 1976.
CALDWELL, C. *Habitar el cuerpo*. Urano: Barcelona, 1999.
CALVINO, I. *El camino de los destinos cruzados*. Siruela: Madrid, 1999.
CAILLOIS, R. *El hombre y lo sagrado*. FCE: México, 1996.
— *Los juegos y los hombres*. FCE: Colombia, 1994.
CAÑEQUE, H. *Juego y vida. La conducta lúdica en el niño y el adulto*. Buenos Aires: Librería "El Ateneo", 1993.
CAZENAVE, G. *Música para una nueva era. Musicoterapia*. Kier: Buenos Aires, 1996.
CHUN-TAO CHENG, S. *El tao de la voz. La vía de la expresión oral*. Gaia: Madrid, 2004.
CIRLOT, J. E. *Diccionario de símbolos*. Siruela: Madrid, 2000.
CLAXTON, G. *Cerebro de liebre, mente de tortuga*. Urano: Barcelona, 1999.

COLL, C. *Psicología y currículum. Una aproximación psicopedagógica al currículo escolar*. Laia: Barcelona, 1987.
— POZO, J.I., SARABIA, B. y VALLS, E. *Los contenidos en la Reforma. Enseñanza y aprendizaje de conceptos, procedimientos y actitudes*. Aula XXI/ Santillana: Madrid, 1992.
COOPER, J.C. *Diccionario de símbolos*. Gustavo Gili: México, 2000.
COREA, C., LEWKOWICZ, I. *Pedagogía del aburrido. Escuelas destituidas, familias perplejas*. Paidós: Buenos Aires, 2004.
CSIKSZENTMIHALYI, M. *Creatividad: el fluir y la psicología del descubrimiento y la invención*. Paidós: Barcelona, 1998.
CURTIS, J., DEMOS, G. y TORRANCE, E. *Implicaciones educativas de la creatividad*. Anaya: Madrid, 1976.
CHOMSKY, N. y DIETERICH, H. *La sociedad global. Educación, mercado y democracia*. Editorial 21: Buenos Aires, 1999.
DAVID, J. *Juegos creativos para la vida moderna*. Lumen: Buenos Aires, 1997.
DIRECCIÓN GENERAL DE RENOVACIÓN PEDAGÓGICA. *Temas transversales y desarrollo curricular*. Ministerio de Educación y Ciencia, 1993.
ELÍADE, M. *Aspectos del mito*. Paidós: Barcelona, 2000.
— *Imágenes y símbolos*. Taurus: Madrid, 1999.
— *Lo sagrado y lo profano*. Labor: Barcelona, 1994.
— *Mitos, sueños y misterios*. Kairós: Barcelona, 2001.
ESTÉBANEZ CALDERÓN, D. *Diccionario de términos literarios*. Alianza: Madrid, 1996.
ETCHEVERRY, G. J. *La tragedia educativa*. Fondo de Cultura Económica: Buenos Aires, 1999.
FAINHOLC, B. *Lectura crítica en Internet*. HomoSapiens: Rosario, 2004.
FERRÉS, J. *Educar en una cultura del espectáculo*. Paidós: Barcelona, 2000.
— *Televisión subliminal. Socialización mediante comunicaciones inadvertidas*. Paidós: Barcelona, 1996.
— *Televisión y educación*. Paidós: Barcelona, 1994.
FOMBONA CADAVIECO, J. *Pedagogía integral de la información audiovisual. Conocer, producir y actuar sobre la imagen informativa*. Universidad de Oviedo: Oviedo, 1998.
FOSTER, J. *Cómo generar ideas*. Grupo Editorial Norma: Barcelona, 1999.
FROMM, E. *El lenguaje olvidado*. Librería Hachette S.A. : Buenos Aires, 1972.
GAMARRA, P. *El libro y el niño. Importancia de la lectura en la educación*. Kapelusz: Buenos Aires, 1976.
GARCÍA MATILLA, E. *Subliminal. Escrito en nuestro cerebro*. Bitácora: Madrid, 1990.
GARDNER, H. *Arte, mente y cerebro*. Paidós: Barcelona, 1993.
— *Las cinco mentes del futuro*. Paidós: Barcelona, 2005.
— *Mentes creativas: una anatomía de la creatividad*. Paidós: Barcelona, 2005.
GOLEMAN, D. *Inteligencia emocional*. Kairós: Barcelona, 1996.
— *La práctica de la inteligencia emocional*. Kairós: Barcelona, 1999.
GONZÁLEZ LUCINI, F. *Educación en valores y diseño curricular*. Pearson Alambra: Madrid, 1991.
GONZÁLEZ MAS, R. "Peligros psicológicos de la televisión". En *Tribuna médica* nº 1265. 6 febrero 1990.
GONZÁLEZ RAMÍREZ, J. K. *Procedimientos de relajación*. EOS: Madrid, 1992.
GUBERN, R. *La mirada opulenta. Exploración de la iconosfera contemporánea*. Gustavo Gili: Barcelona, 1994.
GUILFORD, J.P y otros. *Creatividad y educación*. Paidós: Barcelona, 1983.
HALL, E. T. *La dimensión oculta*. Siglo XXI Editores: Madrid, 1997.
HERRERO LOZANO, E. *Entrenamiento en relajacion creativa*. Herederos de Eugenio Herrero Lozano. Madrid, 1998.

HUIZINGA, J. *Homo ludens*. Emecé: Buenos Aires, 1968.
IMBERNÓN, F. (coord.) *La educación del siglo XXI. Los retos del futuro inmediato*. Graó: Barcelona, 1999.
JUNG, C. G. *Arquetipos e insconsciente colectivo*. Paidós: Barcelona, 1998.
— *El hombre y sus símbolos*. Caralt: Barcelona, 1997.
KOESTLER, A. *El acto de la creación*. Hutchinson: Londres, 1964. Traducción de Eva Aladro, en "Cuadernos de Información y Comunicación". Departamento de Periodismo III. Facultad de Ciencias de la Información. Universidad Complutense de Madrid.
LOROÑO, A. "Biomúsica: El cambio y el equilibrio emocional a través de la música" en *Fundamentos de musicoterapia*. Morata: Madrid, 2000.
LOWEN, A. *Bioenergética*. Diana: México, 2004.
— y LOWEN, L. *Ejercicios de bioenergética*. Sirio: Málaga, 2003.
LUFT, J. *Introducción a la dinámica de grupos*. Herder: Barcelona, 1992.
MARGALEF, J.M. *Guía para el uso de los Medios de Comunicación*. Ministerio de Educación y Ciencia, 1994.
MARINA, J. A. *Teoría de la inteligencia creadora*. Anagrama: Barcelona, 2000.
MARTÍ AUGÉ, P. "Visión general y teoría de la musicoterapia" en *Fundamentos de Musicoterapia*. Morata: Madrid, 2000.
MARTÍNEZ SARRIÓN, A. *Los silencios del fuego*. En Mainer Boqué, J. C. *El último tercio del siglo (1968-1998) Antología consultada de la poesía española*. Visor: Madrid, 1999.
MASTERMAN, L. *La enseñanza de los medios de comunicación*. De la Torre: Madrid, 1993.
MAY, R. *La necesidad del mito*. Paidós: Barcelona, 1991.
MENCHÉN BELLÓN, F. *Descubrir la creatividad: desaprender para volver a aprender*. Pirámide: Madrid, 1998.
— y otros. *Creatividad y medios audiovisuales*. Miñón: Valladolid. 1981
MONEREO, C. y POZO MUNICIO, J. I. (Coord.). "Decálogo para el futuro" Tema del mes. *Cuadernos de Pedagogía* nº 298. Enero, 2001.
MONREAL, C. *Qué es la creatividad*. Biblioteca nueva: Madrid, 2000.
MORA, F. (Ed.) *El cerebro sintiente*. Ariel: Barcelona, 2000.
NACHMANOVITCH, S. *Free Play*. Planeta Argentina: Buenos Aires, 1991.
OBACH, X. *El tratamiento de la información y otras fábulas*. Anaya: Madrid, 1997.
PASCAL, E. *Jung para la vida cotidiana*. Obelisco: Barcelona, 1998.
PÉREZ RIOJA, A. *La necesidad y el placer de leer*. Popular: Madrid, 1988.
PIAGET, J., LORENZ, K. y ERIKSON, E.H. *Juego y desarrollo*. Crítica: Barcelona, 1982.
POSTMAN, N. *El fin de la educación. Una nueva definición del valor de la escuela*. Octaedro: Barcelona, 1999.
PROPP, V. *Morfología del cuento*. Fundamentos: Madrid, 1985.
PUENTE FERRERAS, A. *El cerebro creador*. Alianza: Madrid, 1999.
RODARI, G. *Gramática de la fantasía*. Ediciones Colihue/Biblioser. Buenos Aires, 1973.
RODRÍGUEZ DELGADO, M. "Neurofisiología y música". En *Fundamentos de musicoterapia*. Morata: Madrid, 2000.
ROOB, A. *Alquimia y Mística*. Taschen: Köln, 1997.
SABORIT, J. *La imagen publicitaria en televisión*. Cátedra: Madrid, 1992.
SAVATER, F. *El valor de educar*. Ariel: Barcelona, 1997.
SELTZER, K. y BENTLEY, T. *La era de la creatividad. Conocimientos y habilidades para una nueva sociedad*. Santillana: Madrid, 1999.
STERNBERG, R.J. *Estilos de pensamientos. Claves para identificar nuestro modo de pensar y enriquecer nuestra capacidad de reflexión*. Paidós: Barcelona, 1999.

— y LUBART, T.I. *La creatividad en una cultura conformista. Un desafío a las masas.* Paidós: Barcelona, 1997.
TEDESCO, J. C. *El nuevo pacto educativo.* Anaya: Madrid, 1997.
TERR, L. *El juego, por qué los adultos necesitan jugar.* Paidós: Barcelona, 2000.
TRIGO, E. y otros. *Creatividad y motricidad.* INDE: Barcelona, 1999.
TYNER, K. y LLOYD, D. *Aprender con los medios de comunicación.* De la Torre: Madrid, 1995.
VARGAS, L. y BUSTILLOS, G. *Técnicas participativas para la educación popular.* Popular: Madrid, 1998.
VIGOTSKI, S. *Psicología y pedagogía.* Akal: Madrid, 1979.
VV.AA. *Creatividad Aplicada. Una apuesta de futuro.* (2 vols.) Dykinson: Málaga, 2003. Dirección: Ángeles Gervilla.
WEINSCHELBAUM, L. L. *Por siempre el cuento.* Aique: Buenos Aires, 2001.
WEISBERG, R.W. *Creatividad.* Labor: Barcelona, 1987.
WINNICOTT, D. W. *Realidad y Juego.* Gedisa: Barcelona, 1977.
WYCOFF, J. *Trucos de la mente creativa.* Martínez Roca: Madrid, 1994.
ZARAGOZA LORCA, A. y otros. *Educación en valores y temas transversales.* Dirección Provincial del Ministerio de Educación y Ciencia. Unidad de Programas Educativos: Murcia, 1996.
ZINKER, J. *El proceso creativo en la terapia guestáltica.* Paidós: Buenos Aires, 1979.

Colección
EDUCACIÓN HOY ESTUDIOS

Títulos publicados:

AEBLI, H.: *12 formas básicas de enseñar. Una didáctica basada en la psicología.*
– *Factores de la enseñanza que favorecen el aprendizaje autónomo.*
AINSCOW, M.: *Necesidades especiales en el aula. Guía para la formación del profesorado.*
– *Desarrollo de escuelas inclusivas. Ideas, propuestas y experiencias para mejorar las instituciones escolares.*
AINSCOW, M., HOPKINS, D., SOUTHWORTH, G. y WEST, M. *Hacia escuelas eficaces para todos. Manual para la formación de equipos docentes.*
AINSCOW, M., BERESFORD, J., HARRIS, A., HOPKINS, D. y WEST, M.: *Crear condiciones para la mejora del trabajo en el aula. Manual para la formación del profesorado.*
AINSCOW, M. y WEST, M. (coord.): *Mejorar las escuelas urbanas.*
ALSINA, À. y PLANAS, N.: *Matemática Inclusiva. Propuestas para una educación matemática accesible.*
ARIZA, C., CESARI, M.ª D. y GABRIEL Y GALÁN, M.: *Programa integrado de Pedagogía Sexual en la escuela.*
ASSMANN, H.: *Placer y ternura en la Educación. Hacia una sociedad aprendiente. Prólogo de Leonardo Boff.*

BARBOSA, E. F. Y MOURA, D. G.: *Proyectos Educativos y Sociales. Planificación, gestión, seguimiento y evaluación.*
BARTOLOMÉ, M. (coord.): *Identidad y Ciudadanía. Un reto a la educación intercultural.*
BAUDRIT, A.: *Interacción entre alumnos. Cuando la ayuda mutua enriquece el conocimiento.*
BAZARRA, L., CASANOVA, O., G.ª UGARTE, J.: *Profesores, alumnos, familias. 7 pasos para un nuevo modelo de escuela.*
BERNABEU, N. y GOLDSTEIN, A.: *Creatividad y aprendizaje. El juego como herramienta pedagógica.*
BERNAD, J. A.: *Modelo cognitivo de evaluación escolar.*
BERNARDO CARRASCO, J.: *Cómo personalizar la educación. Un reto de futuro.*
BISQUERRA, R.: *Orígenes y desarrollo de la Orienta ción Psicopedagógica.*
BLANCHARD, M.: *Transformando la sociedad desde las aulas. Metodología de Aprendizaje por Proyectos para la innovación educativa en El Salvador.*

BOUD, D., COHEN, R. y WALKER, D.: *El aprendizaje a partir de la experiencia. Interpretar lo vital y cotidiano como fuente de conocimiento.*
BOZA, A. y otros: *Educación, investigación y desarrollo social.*
BRUNER, J. S.: *El proceso mental en el aprendizaje.*

CERRO, S. Mª: *Grafología pedagógica. Aplicada a la orientacion vocacional.*
CROZIER, W. R.: *Diferencias individuales en el aprendizaje. Personalidad y rendimiento escolar.*

DAY, Ch.: *Formar docentes. Cómo, cuándo y en qué condiciones aprende el profesorado.*
DAY, Ch. y GU, Q.: *Profesores: vidas nuevas, verdades antiguas. Una influencia decisiva en la vida de los alumnos.*
DURAN, D.: *Aprenseñar. Evidencias e implicaciones educativas de aprender enseñando.*

ECHEITA, G.: *Educación para la inclusión o educación sin exclusiones.*
ESCRIBANO, A. y MARTÍNEZ, A.: *Inclusión educativa y profesorado inclusivo. Aprender juntos para aprender a vivir juntos.*
FERMOSO, P.: *Manual de la Economía de la Educación.*
FOUREZ, G.: *La construcción del conocimiento científico. Sociología y ética de la ciencia.*
– *Cómo se elabora el conocimiento. La epistemología desde un enfoque socioconstructivista.*
FRANCESCATO D., TOMAI, M. y MEBANE, M. E.: *Psicología Comunitaria en la enseñanza y la orientación.*

GARCÍA SÁNCHEZ, J. N.: *Manual de dificultades de aprendizaje.*
GERVILLA, A.: *Didáctica básica de la Educación Infantil. Conocer y comprender a los más pequeños.*
– *Familia y Educación familiar. Conceptos clave, situación actual y valores.*
GERVILLA, E.: *Educación familiar. Nuevas relaciones humanas y humanizadoras.*
GÓMEZ-CHACÓN, I.: *Matemática emocional. Los afectos en el aprendizaje matemático.*
GUPTA, R. M. y COXHEAD, P.: *Asesoramiento y apoyo psicopedagógico. Estrategias prácticas de intervención educativa.*
GUTIÉRREZ ZULOAGA, I.: *Introducción a la historia de la Logopedia.*

HANSEN, D. T.: *El profesor cosmopolita en un mundo global. Buscando el equilibrio entre la apertura a lo nuevo y la lealtad a lo conocido.*
HERNÁNDEZ, P.: *Diseñar y enseñar. Teoría y técnicas de la programación y del proyecto docente.*
HERS, R., REIMER, J. y PAOLITTO, D.: *El crecimiento moral. De Piaget a Kohlberg.*
HOUGH, M.: *Técnicas de orientación psicológica.*
HUSÉN, T.: *La escuela a debate. Problemas y futuro.*
HUSÉN, T. y OPPER, S.: *Educación multicultural y multilingüe.*

JACOBS, H. H.: *Curriculum XXI. Lo esencial de la educación para un mundo en cambio.*
JENSEN, E.: *Cerebro y aprendizaje. Competencias e implicaciones educativas.*
KEOGH, B. K.: *Temperamento y rendimiento escolar. Qué es, cómo influye, cómo se valora.*
KLENOWSKI, V.: *Desarrollo de Portafolios para el aprendizaje y la evaluación.*

LONGÁS, J. y MOLLÁ, N.: *La escuela orientadora. La acción tutorial desde una perspectiva institucional.*
LLOPIS, C. (coord.): *Recursos para una educación global. ¿Es posible otro mundo?*

MARCELO, C. y VAILLANT, D.: *Desarrollo profesional docente. ¿Cómo se aprende a enseñar?*
MARCO STIEFEL, B.: *Competencias básicas. Hacia un nuevo paradigma educativo.*
MARDOMINGO, M.ª Jesús: *Psiquiatría para padres y educadores.*
MARTÍN, M.: *Semiología de la imagen y pedagogía.*
McCLELLAND, D.: *Estudio de la motivación humana.*
MEMBIELA, P. (ed.): *Enseñanza de las Ciencias desde la perspectiva CTS. Formación para la ciudadanía.*
MONEREO, C. y POZO, J. I.: *La Identidad en Psicología de la Educación. Necesidad, utilidad y límites.*

PERPIÑÁN, S.: *La salud emocional en la infancia. Componentes y estrategias de actuación en la escuela.*
PÉREZ JUSTE, R., LÓPEZ RUPÉREZ, F., PERALTA, M. D. y MUNICIO, P.: *Hacia una educación de calidad. Gestión, instrumentos y evaluación.*
PÉREZ SERRANO, G.: *Pedagogía social-Educación social. Construcción científica e intervención práctica.*

POEYDOMENGE, M. L.: *La educación según Rogers. Propuestas de la no directividad.*
POSTIC, M.: *La relación educativa. Factores institucionales, sociológicos y culturales.*
POSTIC, M. y DE KETELE, J. M.: *Observar las situaciones educativas.*
– *La relación educativa.*
POVEDA, L.: *Ser o no ser. Reflexión antropológica para un programa de pedagogía teatral.*
– *Texto dramático. La palabra en acción.*

QUINTANA, J. Mª: *Pedagogía familiar.*

RAY, W.: *Diferencias individuales en el aprendizaje. Personalidad y rendimiento escolar.*
RODRÍGUEZ, A., GUTIÉRREZ, I. y MEDINA, A.: *Un enfoque interdisciplinar en la formación de los maestros.*
ROSALES, C.: *Evaluar es reflexionar sobre la enseñanza.*
RUIZ, J. M.ª: *Cómo hacer una evaluación de centros educativos.*

SÁINZ, C. y ARGOS, J.: *Educación Infantil. Contenidos, procesos y experiencias.*
SCHWARTZ, B.: *Hacia otra escuela.*
STAINBACK, S. y W.: *Aulas inclusivas. Un nuevo modo de enfocar y vivir el currículo.*

TARDIF, M.: *Los saberes del docente y su desarrollo profesional.*
TEJEDOR, F. J. y GARCÍA VALCÁRCEL, A. (eds.): *Perspectivas de las nuevas tecnologías en la educación.*
TENBRINK, T. D.: *Evaluación. Guía práctica para profesores.*
TITONE, R.: *Psicodidáctica.*

URÍA, M.ª E.: *Estrategias didáctico-organizativas para mejorar los centros educativos.*

VALLE, A. del: *Aportación bio-bibliográfica a la Historia de la Ciencia.*
VILA, A. y CALLEJO, M.ª L.: *Matemáticas para aprender a pensar. El papel de las creencias en la resolución de problemas.*

WHITAKER, P.: *Cómo gestionar el cambio en contextos educativos.*

ZABALZA, M. A.: *Calidad en la Educación Infantil.*
– *Diseño y desarrollo curricular.*
– *Diarios de clase. Un instrumento de investigación y desarrollo profesional.*